초등학교부터 시작하는 논술
오디세이

4 단계

머리말

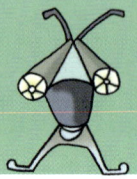

오디세이는 미국 하버드대학 교수들이 중심이 되어 개발한 세계적인 사고력 개발 프로그램입니다. 어린이철학교육연구소는 지금으로부터 8년 전 이 프로그램을 번역하여 한길사를 통해 펴낸 바 있습니다. 그 후 이 프로그램은 전국의 학부모, 교사들로부터 아낌없는 칭송을 받아 왔습니다. 그러나 이 프로그램의 놀라운 성과와는 별도로 한 가지 해결해야 할 문제가 있었는데, 이는 난이도에 따라 단계적으로 구성되지 않았다는 점입니다. 그동안 이 프로그램은 주로 초등학생들이 널리 사용해 왔는데, 이때 부딪히는 문제가 바로 그런 문제였던 것입니다. "오디세이 프로그램은 몇 학년부터 이용해야 좋은가? 저학년도 할 수 있을 것 같아 사서 해 보니 갑자기 너무 어려워 도중에 그만두고 말았다." 등등 주로 단계별 난이도에 관한 문의가 많았습니다. 이에 우리 연구소 연구팀은 이 프로그램을 현장에 투입해 본 실전 경험을 살려, 기초가 되는 1단계부터 시작해서 6단계까지 모두 6권의 책으로 이를 재구성해 다시 펴내게 된 것입니다. 이제는 초등학교 1학년부터 6학년까지 누구나 1단계부터 시작하여 차례차례 가능한 단계까지 이 프로그램에 도전할 수 있게 된 것입니다.

〈오디세이〉의 주인공 오디세우스가 온갖 어려움을 극복하고 마침내 꿈에 그리던 고향집으로 돌아갔듯이, 이 책을 공부하는 학생들도 〈오디세이〉의 생각모음을 통해 고차적 사고력을 얻고 뜻했던 곳으로 나아갈 것을 믿습니다. 이 책은 지난 몇 년간 어린이철학교육연구소에서 공부하는 1학년부터 6학년까지의 어린이들이 실제로 〈오디세이〉 프로그램에 도전하면서 보여 준 놀라운 성취와 함께 그들이 만났던 어려움과 시행착오를 밑거름으로 삼아 심규장 박사가 이를 종합·정리하여 다시 만들었습니다.

처음 〈오디세이〉 프로그램을 함께 연구하고 번역할 때 노력을 아끼지 않은 전영삼, 남철우, 서규선, 임근용, 위향숙, 손재원, 김상준 선생님들의 노고를 잊을 수 없으며, 이번에 새로 책을 만들면서 주도적인 노력을 한 심규장 박사께 깊은 감사를 드립니다. 또한 보다 좋은 책이 될 수 있도록 정성을 다한 소년한길 편집부에도 감사를 드립니다.

2002년 11월 19일
어린이철학교육연구소 소장 박민규

4단계에서 배울 내용

여기서는 1단계의 '추론의 기초 Ⅰ'과 2단계의 '추론의 기초 Ⅱ'에서 학습한 내용을 언어 영역에 확대 적용하여 공부하게 됩니다. 낱말이 가지고 있는 미묘한 의미 차이와 낱말이 서로 연관되는 방식을 분명히 하여 낱말의 이해를 돕고, 어떤 대상이나 사건을 정확히 표현하고 해석하는 힘을 기릅니다.

낱말들의 의미와 관계

첫째, 동의어와 반의어의 의미와 차이점을 공부하게 됩니다. 둘째, 낱말들을 차원에 따라서 분류하는 활동을 하게 됩니다. 낱말들이 가리키는 대상들은 특정한 집합으로 분류될 수 있으므로 주어진 대상들을 일정한 분류 기준에 따라 여러 집합으로 분류하는 활동을 하게 됩니다. 셋째, 유비와 은유에 대해서 공부합니다. 이 부분은 1단계와 2단계에서 배운 유비의 구조와 논리를 한 차원 높여 언어 영역에 적용한 것입니다.

글의 구조

문장과 문장의 관계, 단락의 구성, 단락과 단락의 관계, 글의 짜임 등이 이 부분의 주된 내용입니다. 주어진 글에서 주제문장과 중심생각을 찾고, 단락을 구분하는 활동을 합니다. 잘 쓴 글은 글쓴이의 생각이 짜임새 있게 구성되어 있으므로, 잘 쓴 글들을 해석하면서 글을 쓰는 방법과 그 원리를 익힐 수 있습니다.

차례

머리말 · 2
4단계에서 배울 내용 · 3

Ⅰ. 낱말들은 어떻게 어울리나

1. 뜻이 아주 비슷한 말들
첫 번째 생각여행 동의어란 무엇인가 · 8
두 번째 생각여행 같은 차원의 낱말을 어떻게 배열할까 · 10
생각연습 · 12

2. 뜻이 비슷한 말 바꾸어 넣기
첫 번째 생각여행 여러 가지 차원의 특성을 나타내는 낱말 · 16
두 번째 생각여행 서로 비슷하면서도 다른 낱말 · 18
세 번째 생각여행 비슷한 말이 되기 위한 조건 · 20
생각연습 · 22

3. 뜻이 반대인 말
첫 번째 생각여행 반대말이 되기 위한 조건 1 · 24
두 번째 생각여행 반대말이 되기 위한 조건 2 · 26
세 번째 생각여행 같은 차원에 속하는 반대말 찾기 · 27
생각연습 · 30

4. 낱말 분류하기
첫 번째 생각여행 낱말들이 속하는 집합 · 32
두 번째 생각여행 주어진 집합에서 추리하기 · 35
생각연습 · 37

5. 모든 사물에 각각 다른 이름을 붙인다면
첫 번째 생각여행 낱말과 집합의 관계 · 42
두 번째 생각여행 각각의 사물에 이름 붙이기 · 44
생각연습 · 48

6. 낱말들의 유비 관계
첫 번째 생각여행 유비의 관계 · 50
두 번째 생각여행 빗대어 표현한 문장 속에 들어 있는 유비 · 52
생각연습 · 54

Ⅱ. 글의 의미를 결정하는 것

7. 뜻이 통하는 문장
- 첫 번째 생각여행 낱말의 배열에 따라 달라지는 문장의 뜻 · 58
- 두 번째 생각여행 뜻이 통하도록 문장을 배열하기 · 60
- 생각연습 · 61

8. 문장과 단락 ①
- 첫 번째 생각여행 같은 내용을 다루는 문장끼리 모으기 · 64
- 두 번째 생각여행 단락의 뜻 · 68
- 생각연습 · 70

9. 문장과 단락 ②
- 첫 번째 생각여행 문장과 단락을 연결하기 · 74
- 생각연습 · 78

10. 글의 중심생각 찾아내기
- 첫 번째 생각여행 중심생각의 변화와 단락의 구분 · 82
- 생각연습 · 86

11. 주제에 맞는 글쓰기
- 첫 번째 생각여행 관련 없는 문장 찾아내기 · 92
- 생각연습 · 96

종합연습 · 100

4단계 평가문제 · 104

해답 및 학습지도안 · 114

I. 낱말들은 어떻게 어울리나

1 뜻이 아주 비슷한 말들

▶▶▶ 오늘 생각할 내용

1. '동의어'란 어떤 낱말들을 가리키는가?
2. 같은 차원에 속한 낱말들을 어떤 순서로 늘어놓을 수 있을까?
3. 두 낱말이 동의어인지 아닌지 어떻게 판단할 수 있을까?

 **첫 번째 생각여행** 동의어란 무엇인가

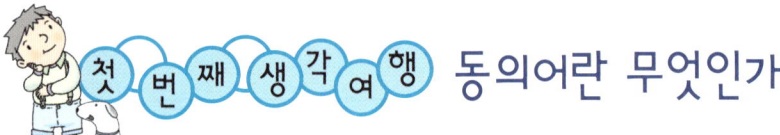

1-1

1) 여러분은 '작다'라는 말을 들으면 어떤 것들이 제일 먼저 떠오르나요?

_____

_____

_____

2) 왜 이런 것들이 떠오르게 되었는지 생각해 보세요.

3) '작다'라는 말은 다음과 같은 차원(기준)들 중에서 어떤 것에 속하는 낱말인가요?

　① 색깔　② 맛　③ 무게　④ 촉감　⑤ 크기　⑥ 온도　⑦ 높이

4) '작다'라는 말과 같은 차원에 속하는 낱말들을 있는 대로 모두 적어 보세요.

5) 이번에는 위의 낱말들을 가장 작은 것을 나타내는 말부터 가장 큰 것을 나타내는 말의 순서로 늘어놓아 봅시다.

두 번째 생각여행: 같은 차원의 낱말을 어떻게 배열할까

2-1

1) 다음에 있는 낱말들은 모두 '온도'의 차원과 관련된 낱말들입니다. 잘 살펴보고 이 낱말들을 위에서 아래로 순서대로 배열해 보세요.

- 뜨거운
- 얼음처럼 차가운
- 끓는
- 서늘한
- 차가운
- 따뜻한
- 얼 정도로 찬
- 아주 뜨거운

- 얼음처럼 차가운
- _____
- _____
- _____
- _____
- _____
- _____
- _____

2) 다음 문장에서 밑줄 친 낱말과 비슷한 말을 위에서 찾아봅시다.

어제 영호는 <u>끓는</u> 물에 손을 데었습니다.

2-2

1) 다음에 있는 낱말들을 잘 살펴보고 순서대로 배열해 보세요. (뜻이 너무 비슷해서 순서를 정하기 어려운 것들은 같은 줄에 써 넣으세요.)

> · 중얼거렸다   · 소리를 질렀다   · 소리쳤다   · 속삭였다
> · 말했다   · 울부짖었다   · 환호를 했다 · 소곤거렸다

· 속삭였다
· _____
· _____
· _____
· _____
· _____
· _____
· _____

2) 이 낱말들은 무엇과 관련된 낱말들이지요? 다시 말하면, 이 낱말들의 차원은 무엇인가요?

3) 다음 문장에서 밑줄 친 낱말과 가장 비슷한 말(동의어)을 위에서 찾아봅시다.

> 이슬이 엄마가 예쁜 강아지를 한 마리 사오셨다. 이슬이는 너무너무 기뻐서 팔짝팔짝 뛰면서 <u>소리를 질렀다</u>.

1. 뜻이 아주 비슷한 말들 11

# 생각 연습

3-1

1) 다음에 있는 낱말들을 잘 살펴보고 순서대로 배열해 보세요.

> · 뚱뚱한   · 통통한   · 날씬한   · 돼지 같은
> · 바싹 야윈 · 호리호리한 · 홀쭉한   · 살찐

· _____
· _____
· _____
· _____
· _____
· _____
· _____
· 바싹 야윈

2) 이 낱말들은 무엇과 관련된 낱말들이지요? 다시 말하면, 이 낱말들의 차원은 무엇인가요?

3) 다음 문장에서 밑줄 친 낱말과 비슷한 말을 위에서 찾아봅시다.

> 보람이의 포동포동한 몸매는 참 보기가 좋습니다.

3-2

1) 다음에 있는 낱말들을 잘 살펴보고 순서대로 배열해 보세요.

· 뛰어가다   · 달려가다   · 걸어가다   · 기어가다   · 엉금엉금 가다

· 기어가다
· _____
· _____
· _____
· _____

2) 다음 문장에서 밑줄 친 낱말과 비슷한 말을 위에서 찾아봅시다.

민철이는 어머니 목소리를 듣고 마당으로 달려갔습니다.

3-3 다음 네모 안에 '힘의 세기'와 관련된 낱말들을 생각나는 대로 모두 적어 보고, 힘이 센 것을 나타내는 순서대로 배열해 보세요. (뜻이 아주 가까워서 순서를 정하기 어려운 경우에는 같은 줄에 써 넣으세요.)

1) 차원:힘의 세기

2) · _____
   · _____
   · _____
   · _____
   · _____

3) 다음 문장의 빈칸에 알맞은 낱말을 위에서 찾아 적어 보세요.

(   ) 아저씨가 오셔서 큰 바위를 번쩍 들어 올렸습니다.

_____

_____

3-4 다음 낱말들을 살펴보고 물음에 답하세요.

> · 엄청나게 굵은 · 가느다란 · 무척 가는
> · 매우 굵은 · 굵직한 · 굵은

1) 이 낱말들의 차원은 무엇인가요?

2) 이 낱말들을 순서대로 배열해 보세요.

- _____
- _____
- _____
- _____
- _____

3) 다음 문장의 밑줄 친 낱말과 바꾸어 쓸 수 있는 가장 알맞은 낱말을 위에서 찾아 적어 보세요.

> 씨름 선수들은 <u>어마어마하게 굵은</u> 허벅지를 갖고 있다.

2 뜻이 비슷한 말 바꾸어 넣기

▶▶▶ 오늘 생각할 내용

1. 여러 차원의 특성을 포함하는 낱말에는 어떤 것이 있는가?
2. 동의어가 되기 위한 조건은 무엇인가?
3. 여러 낱말들 중에서 동의어를 찾아내는 방법은 무엇인가?

여러 가지 차원의 특성을 나타내는 낱말

1-1 1) 이 세상에는 많은 동물들이 살고 있지요? 그 동물들을 순서대로 배열해 보려고 합니다. 우리는 어떤 차원을 사용할 수 있을까요?

2) 여러분은 '여우'라는 말을 들으면 어떤 생각들이 머리에 떠오르나요? 그 각각의 생각은 어떤 차원인지 생각해 보세요.

생각	차원

3) 이번에는 '아파트'라는 말을 들으면 어떤 생각들이 머리에 떠오르나요? 그 각각의 생각은 어떤 차원인지 생각해 보세요.

생각	차원

4) 이처럼 한 낱말 속에 여러 가지 차원이 들어 있는 낱말의 예를 들어 보세요.

두 번째 생각 여행 서로 비슷하면서도 다른 낱말

2-1 '민주는 자전거가 하나 생겼다' 라는 문장에서 '생겼다'를 다른 낱말로 바꾸면, 뜻이 어떻게 바뀌는지 생각해 봅시다.

   1) 민주는 자전거를 하나 얻었다.

   2) 민주는 자전거를 하나 샀다.

   3) 민주는 자전거 하나를 상으로 탔다.

   4) 민주는 자전거를 하나 주웠다.

   5) 민주는 자전거를 하나 빌렸다.

2-2 다음과 같은 한 쌍의 낱말들이 어떻게 비슷하면서도 다른 뜻을 갖는지 비교하여 생각해 봅시다.

1) 자갈 : 조약돌

2) 자동차 : 승용차

3) 돼지 : 돼지고기

4) 감옥 : 우리

5) 신발 : 운동화

세 번째 생각여행 　비슷한 말이 되기 위한 조건

3-1　다음의 낱말들을 살펴보고 물음에 답해 보세요.

> ・거대한　　・꼬마　　　・중간의　　・작은
> ・거인　　　・아주 작은　・커다란　　・어린아이

1) 이 낱말들을 가장 작은 크기를 나타내는 낱말부터 가장 큰 크기를 나타내는 낱말의 순서로 배열해 보세요. (뜻이 아주 비슷한 경우에는 같은 줄에 써 넣으세요.)

・_____
・_____
・_____
・_____
・_____

2) 밑줄 친 낱말과 가장 가까운 동의어는 무엇일까요? 괄호 안에 있는 낱말로 바꾸어 넣고 생각해 봅시다.

① 버스 정류장에서 한 <u>어린아이</u>가 울고 있었다. (작은, 꼬마)
② 공주는 <u>거대한</u> 괴물에게 잡혀갔다. (거인, 어마어마한)

3-2 다음 문장에서 밑줄 친 낱말과 가장 가까운 동의어를 말해 보세요. 낱말을 바꾸어 넣어 읽어 보고, 뜻이 통하는지 확인해 보세요.

〔만일 이 그림에서 이상한 점을 찾아내면, 손을 들고 발표해 보세요.〕

- 발견
- 발견하면
- 관찰
- 파악하면
- 알아채면
- 알아맞히면
- 끌어내면
- 드러내면

3-3 다음 문장에서 밑줄 친 낱말과 가장 가까운 동의어를 말해 보세요. 낱말을 바꾸어 넣어 읽어 보고, 뜻이 통하는지 확인해 보세요.

〔이번 시험에서 틀린 문제들은 다시 풀어 보세요.〕

- 잘못된
- 오답
- 엉터리
- 점수가 낮은
- 그릇된
- 맞히지 못한
- 바보 같은
- 떨어진

4-1 다음과 같은 한 쌍의 낱말들이 어떤 점에서 뜻이 같고, 어떤 점에서 뜻이 다른지 비교하여 생각해 봅시다.

1) 침입자 : 손님

2) 악취 : 냄새

3) 시골 : 농촌

4) 포도 : 건포도

4-2 다음 밑줄 친 낱말의 동의어를 〈보기〉에서 찾아봅시다. 하나하나 바꾸어 넣어서 뜻이 통하는지 알아보세요.

1) 등산가들은 마침내 지리산의 꼭대기에 도달하였다.
   〔옆으로, 하산, 산, 정상, 등산하였다〕

2) 쓰러진 나무들이 물길을 막고 있었다.
   〔방어, 재미있었다, 끝에, 증가하였다, 방해하고 있었다, 시냇물〕

3) 강아지가 먹이를 모두 먹어 치울 것이다.
   〔영양이 많다, 식당을, 음식을, 밥그릇을, 먹었다〕

4) 저 유리로 만든 꽃은 깨지기 쉽다.
   〔망가졌다, 파손, 작아졌다, 부서지기 쉽다, 알기 쉽다〕

5) 그 나라의 왕은 아주 훌륭한 사람이었다.
   〔거대한, 왕국, 대통령 같은, 강력한, 덕이 많은, 공포〕

6) 장마철에 고기가 썩기 시작하였다.
   〔쓰레기, 악취, 부패하기, 더러워지기, 냄새나는, 파리〕

7) 학생들은 선생님께 질문을 하였다.
   〔대답을 하였다, 보고를 하였다, 궁금증, 여쭈어 보았다, 연락〕

3 뜻이 반대인 말

▶▶▶ 오늘 생각할 내용

1. 뜻이 반대인 말이 되기 위해서는 어떤 조건이 필요한가?
2. 반대말을 쉽게 찾는 방법은 무엇인가?

첫 번째 생각여행 반대말이 되기 위한 조건 1

1-1

1) 다음 낱말과 뜻이 비슷한 말이 무엇인지 생각해 봅시다.
   ① 늙은

   ② 가난한

2) 다음 낱말과 뜻이 반대인 말이 무엇인지 생각해 봅시다.
   ① 늙은

   ② 가난한

1-2 다음 보기 낱말들을 보고 물음에 답해 보세요.

> ·눈이 작은 ·키가 작은 ·뚱뚱한 ·미운 ·더러운 ·뜨거운

1) 위 낱말들 가운데에서 '예쁜'과 가장 반대인 말은 무엇인지 생각해 봅시다.

2) 위에 있는 각각의 낱말과 차원이 같은 낱말을 두 가지 이상 적어 보세요.

	차원이 같은 낱말들	차원
눈이 작은		
키가 작은		
뚱뚱한		
미운		
더러운		
뜨거운		

두 번째 생각여행: 반대말이 되기 위한 조건 2

2-1 '미운'과 '예쁘다'는 서로 반대말인가요? 다음 문장에 바꾸어 넣고 생각해 봅시다.

1) 영희는 어제 '<u>미운</u> 오리 새끼'라는 이야기를 읽었습니다.

2) '미운'이라는 낱말과 정확히 반대되는 낱말은 무엇일까요?

2-2 '젊은'과 '노인'은 서로 반대말인가요? 다음 문장에 바꾸어 넣고 생각해 봅시다.

1) 그 산 밑에는 <u>젊은</u> 사람들이 많이 살고 있습니다.

2) '젊은'이라는 낱말과 정확히 반대되는 낱말은 무엇일까요?

 같은 차원에 속하는 반대말 찾기

3-1 다음은 '위치'와 관련된 낱말들입니다. 각각의 낱말과 뜻이 반대인 낱말을 생각해 봅시다.

차원: 위치	반대말
위	
앞	
높다	
꼭대기	
북쪽	
서쪽	
안쪽	
여기	
왼쪽	
가깝다	

3-2 아래 표에서 각각의 낱말과 뜻이 반대인 낱말을 생각해 봅시다.

1) 표의 오른쪽 빈 칸을 채워 보세요.

차원:위치	반대말
오다	
들어가다	
찾아내다	
올리다	
위로	
앞으로	
떼어 내다	
열다	
밀다	

2) 위 표의 낱말들은 어떤 차원과 관련된 낱말인가요?

3-3 주어진 문장을 읽고, 밑줄 친 낱말과 반대인 낱말을 괄호 안에 써넣어 보세요.

1) 만일 곰 인형이 팔렸다면, 누군가가 그것을 (   ) 것이다.

2) 만일 내가 대답을 했다면, 그 전에 누군가가 나에게 (   )을 한 것이다.

3) 우리가 정답을 찾아냈다면, 그것은 어떤 (   )의 정답일 것이다.

4) 우리가 <u>학생</u>이라면, 우리를 가르치는 (　　　)이 있다.

3-4 순서를 정할 수 있는 차원의 반대말들을 알아봅시다.

1) 서로 반대인 낱말끼리 줄로 이어 보세요.

- 살을 에듯 찬
- 차가운
- 서늘한
- 미지근한
- 따뜻한
- 뜨거운
- 펄펄 끓는

2) 이 낱말들의 차원은 무엇인가?

3) 위와 같은 사실을 통해 어떤 규칙을 알아냈나요?

①

②

4-1

다음은 '양'과 관련된 낱말들입니다. 각각의 낱말과 뜻이 반대인 낱말을 생각해 봅시다.

차원:양	반대말
많은	
가득 찬	
늘어난	
채우다	
불어넣다	
더하다	
증가하다	

4-2

주어진 문장을 읽고, 밑줄 친 낱말과 반대인 낱말을 괄호 안에 써넣어 보세요.

1) 만일 내가 너에게 미니카를 <u>준다면</u>, 너는 나에게서 미니카를 (   ) 것이다.

2) 도둑이 막 <u>달아나고</u> 있다면, 누군가가 그 도둑을 (   ) 있는 것이다.

3) 경찰관이 강도를 주먹으로 <u>때렸다면</u>, 강도는 경찰관의 주먹에 (   ) 것이다.

4-3 짝을 이루는 두 반대말을 가지고 짧은 글을 만들어 봅시다.

1) 말하다 : 듣다

2) 들어가다 : 나오다

3) 던지다 : 받다

4-4 다음은 순서를 정할 수 있는 차원의 낱말들입니다.

1) 서로 반대인 낱말끼리 줄로 이어 보세요.

- 숭배하다
- 사랑하다
- 좋아하다
- 싫어하다
- 미워하다
- 증오하다

2) 이 낱말들의 차원은 무엇인가요?

4 낱말 분류하기

▶▶▶오늘 생각할 내용

낱말들을 같은 집합에 속하는 것끼리 분류하려면 어떻게 해야 할까?

  낱말들이 속하는 집합

1-1 다음 낱말들의 공통적인 특징이 무엇이며 이 낱말들이 속하는 집합의 이름은 무엇인지 생각해 봅시다.

1) 빨강, 초록, 노랑, 파랑, 검정

2) 연필, 공책, 크레파스, 지우개, 자

3) 피아노, 리코더, 바이올린, 실로폰, 탬버린

4) 수영, 야구, 태권도, 달리기, 탁구

5) 축구, 배구, 야구, 농구, 탁구

6) 소, 닭, 돼지, 오리, 토끼

7) 송아지, 올챙이, 강아지, 망아지, 병아리

1-2 다음 낱말들 가운데에서 나머지 것들과 다른 집합에 속하는 낱말을 찾아내 봅시다. 그리고 나머지 낱말들이 속하는 집합의 이름도 적어 보세요.

1) 운동화, 모자, 행주, 팬티, 양말

- 집합에 속하지 않는 것 _____
- 집합의 이름 _____

2) 양파, 당근, 오이, 달걀, 가지

· 집합에 속하지 않는 것 _____
· 집합의 이름 _____

3) 옥수수, 우유, 보리, 쌀, 콩

· 집합에 속하지 않는 것 _____
· 집합의 이름 _____

4) 발, 눈, 귀, 코, 입

· 집합에 속하지 않는 것 _____
· 집합의 이름 _____

5) 자동차, 기차, 비행기, 헬리콥터, 자전거

· 집합에 속하지 않는 것 _____
· 집합의 이름 _____

 주어진 집합에서 추리하기

2-1 아래 낱말들이 속하는 집합의 이름을 생각해 봅시다.

1) 한강, 나일, 미시시피, 아마존, 양쯔

2) 앵무새, 고양이, 호랑이, 까마귀, 오리너구리

3) 감기, 홍역, 수두, 맹장염, 쿠루병

4) 계곡, 하천, 골짜기, 협곡, 마리아나해구

5) 북두칠성, 작은곰자리, 카시오페이아자리, 오리온자리, 페가수스자리

2-2 앞의 문제에서 마지막에 밑줄 친 낱말들 가운데에서 다음 문장들이 설명하고 있는 것을 찾아서 괄호 안에 적어 봅시다.

1) 이것은 사람의 신경계에 생기는 병으로서, 그저 히죽히죽 실없이 웃는 증상을 나타낸다. (   )

2) 이것은 지구상에서 가장 낮은 지역의 이름이다. 태평양의 한 해저에 자리잡고 있으며, 가장 깊은 곳은 해저 11km나 된다고 한다.
(   )

3) 이것은 가을철 별자리의 이름으로서, 그리스신화에 나오는 하늘을 나는 말의 이름이기도 하다. (   )

4) 이 동물은 젖먹이 동물로서, 털이 나 있고, 오리와 같은 부리를 갖고, 알을 낳으며, 오스트레일리아에 산다. (   )

5) 이 강은 세계에서 세 번째로 긴 강이며, 중국 남쪽 지방에 위치해 있다. (   )

3-1 다음 낱말들의 공통적인 특징이 무엇인지 생각해 보고 이 낱말들이 속하는 집합의 이름이 무엇인지 생각해 봅시다.

　　1) 아파트, 양옥, 초가집, 빌라

　　2) 토끼풀, 개망초, 제비꽃, 민들레

3-2 다음 낱말들 가운데에서 나머지 것들과 다른 집합에 속하는 낱말을 찾아내 봅시다. 그리고 나머지 낱말들이 속하는 집합의 이름도 적어 보세요.

　　1) 음악, 수학, 미술, 사회, 영화

　　　· 집합에 속하지 않는 것 ＿＿＿＿＿＿
　　　· 집합의 이름 ＿＿＿＿＿＿

　　2) 소나무, 잣나무, 전나무, 벚나무, 향나무

　　　· 집합에 속하지 않는 것 ＿＿＿＿＿＿
　　　· 집합의 이름 ＿＿＿＿＿＿

3-3 주어진 낱말들이 속하는 집합의 이름을 생각해 봅시다.

1) 엔진, 브레이크, 헤드라이트, 바퀴, 차동 장치

2) 금성, 은하수, 태양, 화성, 켄타우루스자리 알파별

3) 양모, 벌꿀, 비단, 진주, 셸락

4) 석탄, 석유, 천연가스, 다이아몬드

5) 아시아, 유럽, 아프리카, 아틀란티스

3-4 위의 문제에서 마지막에 밑줄 친 낱말들 가운데에서 다음 문장들이 설명하고 있는 것을 찾아서 괄호 안에 적어 봅시다.

1) 이것은 큰 대륙의 이름으로서, 아주 오랜 옛날에 바닷속으로 가라앉았다고 전해진다. 과학자들은 그런 대륙이 실제로 있었는지 알아내려고 지금도 노력하고 있다고 한다. (   )

2) 이것은 다른 천연자원들과 마찬가지로 아주 오랜 세월 동안 땅속에 쌓인 식물이나 동물의 퇴적물로부터 만들어진 것이다. (   )

3) 이 별은 태양계 밖의 별로서는 지구에서 가장 가깝다. 대략 3~4광년 정도 떨어져 있는 것으로 추정된다. (　　　　)

4) 이것은 자동차가 커브를 돌 때 한쪽의 바퀴가 다른 쪽의 바퀴보다 더 빨리 돌게 해주는 톱니 장치의 이름이다. (　　　　)

5) 이것은 '깍지잔디'라고 하는 벌레의 분비물로 만들어진 제품이다. 가구나 마루에 칠하거나 광을 내는 데 사용된다. (　　　　)

3-5 주어진 낱말들이 속하는 집합의 이름을 생각해 봅시다.

1) 킬로그램, 톤, 그램, 온스, <u>캐럿</u>

2) 까마귀, 앵무새, 벌새, 참새, <u>타조</u>

3) 에디슨, 장영실, 뉴턴, 아인슈타인, <u>노벨</u>

4) 사자, 퓨마, 호랑이, 표범, <u>치타</u>

3-6 앞의 문제에서 마지막에 밑줄 친 낱말들 가운데에서 다음 문장들이 설명하고 있는 것을 찾아서 괄호 안에 적어 봅시다.

1) 이것은 아프리카에 살고 있는 커다란 야생동물이다. 달리기를 아주 잘하며, 시속 75마일을 달린다고 한다. (   )

2) 이것은 보석의 무게를 재는 데에 쓰는 단위이다. 200밀리그램의 무게에 해당한다. (   )

3) 이 새는 아프리카에 살며, 세계에서 가장 큰 새이다. 무게는 300파운드 정도 된다. (   )

4) 이 과학자는 다이너마이트를 발명하여 얻은 재산을 모두 남겨서, 세계의 발전을 위해 애쓴 사람들에게 상을 주라고 하였다. (   )

3-7 다음 낱말들 가운데에서 나머지 것들과 다른 집합에 속하는 낱말을 찾아내 봅시다. 그리고 나머지 낱말들이 속하는 집합의 이름과 그 집합에 속할 수 있는 것을 두 가지만 더 예를 들어 보세요.

1)

개, 소, 닭, 호랑이, 사자

① 이 집합에 속하지 않는 것 _____
② 이 집합의 이름 _____
③ 이 집합에 속할 수 있는 것의 예
_____

2)

반지, 귀걸이, 장갑, 방석, 스카프

① 이 집합에 속하지 않는 것 _____
② 이 집합의 이름 _____
③ 이 집합에 속할 수 있는 것의 예
_____

 모든 사물에 각각 다른 이름을 붙인다면

▶▶▶ **오늘 생각할 내용**

하나하나의 모든 대상에 각기 다른 이름을 붙인다면 어떤 일이 일어날까?

 낱말과 집합의 관계

1-1 지금 여러분들 각자가 가지고 있는 '연필'의 특징(색깔, 모양, 무늬 등)을 돌아가면서 발표해 보고, 정리해 봅시다.

·
·
·
·

1-2 앞의 '연필'의 경우처럼 조금씩 차이가 있는데도, 모두 한 가지 이름으로 불리는 것을 우리 주변에서 찾아봅시다.

1-3 다음의 여러 낱말들 중에서, 앞에서 살펴본 '연필'과 같이 여러 가지 원소들의 집합인 것과 그렇지 않은 것을 구분해 봅시다.

> 가방, 앉아 있다, 집, 청와대, 한강, 선생님, 작다,
> 일본, 지하철, 서울, 롯데월드, 스포츠, 박찬호

1) 여러 가지 원소들의 집합 이름을 나타내는 낱말
   { }

2) 하나의 특별한 것을 나타내는 낱말(고유명사)
   { }

두 번째 생각여행 각각의 사물에 이름 붙이기

2-1 다음 이야기를 읽고 사물의 이름에 대해서 생각해 봅시다.

슬기의 방

　슬기라는 여자아이가 있었다. 슬기는 어려서부터 배우고자 하는 것은 무엇이든지 정확하고 올바르게 배우려고 하였다. 또한 슬기는 언제 식사를 해야 하고, 언제 잠자리에 들어야 하고, 언제 울어야 하고, 언제 옷을 갈아입어야 하는지를 정확하게 알아내고, 그 순서를 지키려고 하였다.

　슬기는 자기의 이름이 '슬기'라는 것을 알았고, 자기 부모를 '엄마', '아빠'라고 부르고, 자기가 들어가 자는 곳은 '침대', 자기가 덮고 자는 것은 '이불', 가지고 노는 것은 '장난감'이라고 부른다는 것도 알아냈다. 슬기가 알게 된 말의 원리는 아주 단순했다. '이 세상에 있는 것은 모두 각기 다른 이름을 갖고 있다.'는 것이다.

　그러한 원리를 알게 된 슬기는 자기 부모님들이 아주 잘못된 말을 사용한다는 것을 알게 되었다. 첫 번째 일은 슬기가 정해진 시간에 잠이 깨서 장난감을 갖고 놀고 있을 때 일어났다. 슬기가 주스를 먹고 싶다고 하자 이내 엄마가 달려와서 "슬기야, 여기 네 주스 있다."고 말하면서 주스를 갖다 주었다. 그러나 슬기가 맛을 보니 놀랍게도 이전의 주스 맛이 아니었다. 원래 주스는 주황색에다 약간 시큼한 맛이었는데, 이번 것은 노란색에다 좀 달콤했던 것이다.

　그 후 몇 주 동안 슬기는 부모님의 말과 행동을 유심히 관찰해 보았는데, 비슷한 사실들을 확인할 수 있었다. 부모님들이 혼란을 일으키는 것은 '주스'만이 아니었다. 부모님들은 슬기가 갖고 노는 것을 모두 '장난감'과 혼동하였고, 발에 신는 것은 모두 '신발'이나 '양말'이라고 불렀으며, 슬기가 입는 것들을 모두 그냥 '옷'이라고 하였다. 이런 일은 한둘이 아니었고, 슬기가 보기에 이것은 무척 심각한 문제가 아닐 수 없었다.

1) 슬기가 발견한 '말의 원리'는 무엇인가요?

2) 슬기가 생각하는 '주스'와 엄마가 생각하는 '주스'는 어떻게 다른가요?

슬기의 부모님은 정말 말의 원리를 제대로 이해하지 못한 것일까? 슬기가 생각하기에, 서로 다른 것들은 각기 다른 이름을 가져야 한다는 사실은 너무도 분명했다. 마침내 슬기는 이렇게 결론을 맺었다. '정확하고 올바르게 말을 배우려면 엄마, 아빠는 거의 도움이 되지 않는다. 그 일은 나 스스로 해야 한다.' 그래서 그 후부터 슬기는 자기 방 안에 있는 물건 하나하나에 이름을 붙이기 시작했다. 부모님이 '장난감'이라고 혼동하고 있는 것들을 '가가', '나나', '다다' 같은 이름을 붙였고, 부모님들이 '속옷'이라고 혼동하는 것들도 '거거', '너너', '더더' 같은 이름들을 붙여 주었다.

이런 일을 하는 동안 슬기는 새로운 것을 발견하게 되었다. 어떤 물건 하나에 이름을 붙이는 것만으로는 충분하지 못하고, 그것을 이루는 부분들에게도 이름을 붙여야 한다는 점이었다. 그리고 이렇게 정확하고 올바르게 이름을 붙이는 일은 슬기가 처음 생각한 것보다 엄청난 일이라는 것을 알게 되었다. 무엇보다도 실망스러웠던 것은 슬기가 점점 더 많은 이름을 붙이게 되면 될수록 아직도 이름을 붙여야 할 것들이 많이 남아 있다는 것이었다. 어쨌든 슬기는 그 모든 것들에 이름을 붙여야 한다고 생각했다.

3) 슬기가 보기에, 엄마와 아빠가 잘못하고 있는 것은 무엇인가요?

4) 슬기처럼 각각의 사물에 이름을 붙이는 것은 의미 있는 일인가요? 그 이유를 들어 말해 보세요.

    몇 년이 지나도 슬기는 방 안에서 이름 붙이고 외우는 일을 계속하고 있었다. 슬기가 보기에 부모님들은 자신의 이런 행동을 매우 못마땅하게 생각하는 것 같았다. 부모님들은 이렇게 말하면서 걱정하였다. "어쩌면 좋지요? 슬기가 방 안에만 틀어박혀서 뜻 모를 말만 되풀이하고 있으니 말이에요. 나는 그 애가 하는 말을 하나도 이해할 수가 없어요."
    어느 날 슬기의 할아버지가 슬기네 집에 찾아오셨다. 슬기는 할아버지가 자기의 말을 이해하고 귀담아들어 줄지도 모른다고 생각하고 기뻐했다. 그런데 슬기를 본 할아버지는 슬기를 꼭 껴안으며 이렇게 말하는 것이 아닌가? "슬기야, 예쁜 파란색 옷을 입은 네 모습이 마치 한 폭의 그림 같구나." 그러자 슬기는 "'그림'은 벽에 걸려 있고, '옷'은 '빨간색'이에요."라고 말하였다. 할아버지는 이런 슬기를 바라보며 걱정 어린 표정을 지었다. 그리고 이렇게 말하였다. "슬기야, 네 엄마랑 이야기 좀 해야겠으니 다른 방에 가서 기다리고 있어라."
    슬기는 지금까지 자기 방에서만 살아왔기 때문에 '방'을 나가는 것이 두려웠다. 그러나 용기를 내어서 자기 방을 나갔다. 할아버지와 엄마가 이야기를 나누는 동안 집 안을 돌아다니며 다른 방들의 문을 열고 살펴보았다. 그런데 어느 것도 슬기가 생각하는 정확한 '방'은 아니었다. 슬기는 집 밖으로 나와서 '방'을 찾아보기로 했다.

　그 후로 슬기 가족은 슬기를 볼 수 없었다. 세월이 오래 흘렀다. 가끔씩 어떤 늙은 여자가 집과 사무실마다 찾아다니며, 문을 열고 방을 들여다보고는 가 버린다는 소문이 여기저기서 계속 들려왔다.

5) 슬기 할아버지는 왜 슬기에 대해서 놀라고 걱정을 하시게 되었나요?

6) 슬기는 왜 '방'을 찾아서 여기저기 헤매고 다녀야만 했을까요?

2-2　앞의 이야기 뒷부분을 다른 방식으로 꾸며 보았습니다. 읽고 질문에 답해 봅시다.

　할아버지의 말씀을 듣고, 슬기는 용감하게 방문 밖으로 나갔다. '방'처럼 생긴 어떤 곳에 들어가 보니, 거기에는 슬기가 알고 있는 '벽', '움프', '울라', '데빗'과 닮은 네 면이 있었고, '창문'과 아주 닮은 구멍이 여기저기 있었다. '의자'와 닮은 것들도 여기저기 있었다.

　슬기는 기다리는 동안 그런 것들에게도 이름을 붙여 보기 시작했다. 그런데 문제가 생겼다. "어쩌지? 이름을 붙여야 할 것이 많이 남았는데, 이름이 다 떨어졌네!" 슬기는 매우 실망했다. 그리고는 차츰 머릿속에 새로운 생각들이 떠올랐다.

> "'의자'를 닮은 이것들을 모두 '의자'라고 부르면 왜 안 되는 것일까? 이것은 '빨간색 의자', 저것은 '파란색 의자', 이것은 '노란색 의자'라고 부르면 서로 구분되지 않을까?" 이렇게 생각하자 슬기의 마음이 한층 가벼워졌다. 슬기는 집 안을 돌아다니며, 서로 비슷한 것들의 이름을 쉽게 묶어서 붙일 수 있었다.

1) 슬기가 말하는 '움프', '울라', '데빗'은 무엇을 가리키는 것일까요?

2) 마지막 부분에서 슬기가 새롭게 깨닫게 된 '말의 원리'는 무엇인가요?

3-1 다음 낱말의 집합에 속할 수 있는 것들을 5가지 이상 적어 보세요.

1) 물고기

{   }

2) 책

   { }

3) 똥

   { }

4) 개

   { }

5) 경기도

   { }

3-2 다음 각각의 예를 10가지씩 찾아서 적어 보세요.

1) 여러 가지 원소들의 집합 이름을 나타내는 낱말

   { }

2) 하나의 특별한 것을 나타내는 낱말(고유명사)

   { }

낱말들의 유비 관계

▶▶▶ **오늘 생각할 내용**

낱말과 낱말의 관계 속에는 어떤 유비의 논리가 포함되어 있을까?

 **유비의 관계**

1-1 다음 낱말 쌍을 살펴보고 물음에 대답해 봅시다.

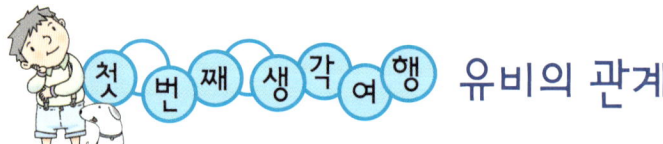

1) 망아지와 말의 관계는 무엇인가요?

2) 강아지와 개의 관계는 무엇인가요?

3) 망아지와 말의 관계는 (　　　)와 (　　　)의 관계와 같다.

1-2 다음 낱말 쌍을 살펴보고 물음에 대답해 봅시다.

> 망아지 : 말
> 강아지 : 개

1) 망아지와 강아지의 관계는 무엇인가요?

2) 말과 개의 관계는 무엇인가요?

3) 망아지와 강아지의 관계는 (　　　)과 (　　　)의 관계와 같다.

1-3 다음에 주어지는 낱말 쌍의 유비 관계가 무엇인지 생각해 보고, 마지막 괄호 안에 들어갈 낱말이 무엇인지 찾아보세요.

1) 대통령과 국가의 관계는 시장과 (　　　)의 관계와 같다.

2) 개구리와 올챙이의 관계는 닭과 (　　　)의 관계와 같다.

3) 가위와 종이의 관계는 톱과 (　　　)의 관계와 같다.

4) 연필과 종이의 관계는 분필과 (　　　)의 관계와 같다.

5) 아버지와 어머니의 관계는 할아버지와 (　　　)의 관계와 같다.

6) 발 : 양말 :: 손 : (　　　)

7) 비행기 : 하늘 :: 배 : (　　　)

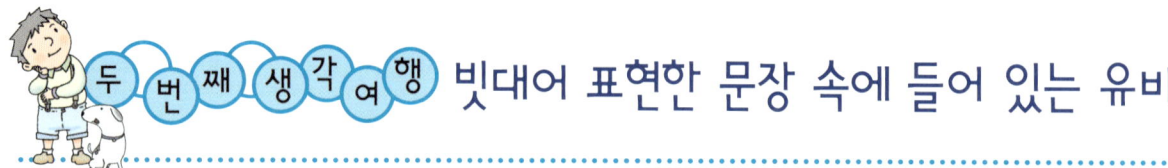
빗대어 표현한 문장 속에 들어 있는 유비

2-1 다음 문장을 살펴보고, 어떤 유비 관계가 숨어 있는지 생각해 봅시다.

1) 대통령은 국가의 머리이다.

   대통령 : 국가 ∷ 머리 : (   )

2) 사자는 동물의 왕이다.

   사자 : 동물 ∷ 왕 : (   )

3) 필요는 발명의 어머니이다.

   필요 : 발명 ∷ 어머니 : (   )

4) 도로는 나라의 핏줄이다.

   도로 : 나라 ∷ 핏줄 : (   )

5)
> 그 부자는 욕심의 노예였다.

부자 : 욕심 ∷ 노예 : (   )

2-2 다음 문장들에서는 주어를 무엇인가 다른 것에 비유하는 유비가 포함되어 있습니다. 주어가 무엇에 비유되고 있는지 생각해 보세요.

> 기발한 생각이 그 사람의 머리 속에서 피어났다. (꽃처럼)
> 생각 : 떠오르다 ∷ (꽃) : 피어나다

1) 햇살이 방 안으로 쏟아져 들어왔다. (   )
   햇살 : 비치다 ∷ (   ) : 쏟아져 들어오다

2) 큰 파도가 해변을 덮쳤다. (   )
   파도 : 치다 ∷ (   ) : 덮치다

3) 과거의 기억이 그 사람의 마음속에서 어지럽게 흩어졌다. (   )
   기억 : 떠오르다 ∷ (   ) : 흩어지다

4) 그 아이의 슬픔은 선생님의 위로에 서서히 녹아 없어졌다. (   )
   슬픔 : 없어지다 ∷ (   ) : 녹아 없어지다

5) 그 여자아이의 얼굴은 실망으로 구겨져 버렸다. (   )
   얼굴 : 찡그리다 ∷ (   ) : 구겨지다

3-1 다음에 주어지는 낱말쌍의 유비 관계가 무엇인지 생각해 보고, 마지막 괄호 안에 들어갈 낱말이 무엇인지 찾아보세요.

① 자동차 : 바퀴 :: 사람 : (   )
② 사람 : 음식 :: (   ) : (   )

3-2 다음 문장들 속에 들어 있는 유비 관계를 찾아내 봅시다.

① 노년기는 인생의 황혼이다.
　　노년기 : 인생 :: 황혼 : (   )

② 도서관은 지식의 은행이다.
　　도서관 : 지식 :: 은행 : (   )

③ 혀는 논쟁의 칼이다.
　　혀 : 논쟁 :: 칼 : (   )

④ 눈은 마음의 창이다.
　　눈 : 마음 :: 창 : (   )

3-3 다음 문장들에서는 주어를 무엇인가 다른 것에 비유하는 유비가 포함되어 있습니다. 주어가 무엇에 비유되고 있는지 생각해 보세요.

① 그 과학자의 머리 속에서 새로운 아이디어가 반짝거렸다. (   )

② 세찬 바람이 은행나무를 사정없이 후려쳤다. (   )

③ 하얀 눈이 마을을 포근하게 감싸 주었다. (   )

④ 멀리서 등대 하나가 군함을 친절하게 안내해 주고 있었다. (   )

Ⅱ. 글의 의미를 결정하는 것

뜻이 통하는 문장

▶▶▶ 오늘 생각할 내용

뜻이 통하는 문장이나 글을 만들려면 어떻게 해야 하나?

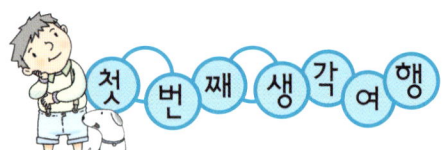 낱말의 배열에 따라 달라지는 문장의 뜻

1-1 다음 낱말들을 적당히 배열하여 여러 가지 문장을 만들어 보세요. 그리고 만든 문장들 중에서 뜻이 통하는 것과 뜻이 통하지 않는 것을 구별해 봅시다.

동수(가, 의, 를), 밥(을, 이), 멍멍이(가, 의), 먹어 버렸다

·
·
·
·

1-2 앞에서 한 것과 마찬가지로 다음 낱말들을 모두 사용하여 뜻이 통하는 문장을 만들어 봅시다.

1)
> 먹었다, 고양이(가, 의), 음식(을, 이), 개(가, 의)

-
-
-

2)
> 해 주셨다, 이야기를, 두 가지의, 아이들에게, 할머니는, 무서운

-
-
-

3)
> 와서, 많이, 취소되었다, 비가, 야구 경기가, 너무,

-
-

4)
> 가방을, 발가락을, 그의, 차서, 다쳤다, 그, 민철이는

-
-

두 번째 생각여행: 뜻이 통하도록 문장을 배열하기

2-1 다음 문장들을 가지고 뜻이 통하는 이야기를 만들려면 어떤 순서로 배열해야 할까요?

> ① 노마는 양말을 신었다.
> ② 노마는 운동화를 신었다.
> ③ 노마는 발을 깨끗이 씻었다.
> ④ 노마는 신발장에서 운동화를 꺼냈다

2-2 다음은 글을 쓸 때 따라야 할 단계를 순서 없이 적어 놓은 것입니다. 다섯 단계를 올바른 순서대로 말해 봅시다.

> ① 글자나 문장이 잘못된 곳을 고친다.
> ② 쓰려고 하는 주제를 정한다.
> ③ 글을 쓴다. 컴퓨터에 입력한다.
> ④ 완성된 형태로 인쇄한다.
> ⑤ 정해진 주제와 관련된 정보를 수집하고, 생각을 정리한다.

3-1 다음 낱말들을 가지고 뜻이 통하는 문장을 만들어 봅시다.

1)
> 날아간다, 하늘, 비행기가, 빠르게, 멋진, 아주, 파란

·

·

2)
> 구워 먹었다, 철수와, 맛있게, 고구마를, 모닥불에, 민주는

·

·

3-2 다음 낱말들 외에 낱말을 더 추가하여 뜻이 통하는 문장을 만들어 보세요.

1)

> 벌레를, 개구리는, 작은, (　　), (　　)

·
·

2)

> 빨간, 빠르게, 자동차가, (　　), (　　), (　　)

·
·

3-3 다음 문장들을 가지고 뜻이 통하는 이야기를 만들려면 어떤 순서로 배열해야 할까요?

뼈가 없다면

① 그런데 건물의 기둥이 나무나 강철로 이루어진 반면에, 사람은 뼈로 이루어져 있다.
② 더구나 뼈가 없다면, 사람은 물렁물렁한 풍선 같을 것이다.
③ 이와 같은 뼈가 없다면, 우리는 걷거나 설 수도 없다.
④ 건물이 무너지지 않으려면 기둥이 필요하듯이, 사람에게도 그런 것이 필요하다.

3-4 다음 문장들을 가지고 뜻이 통하는 이야기를 만들려면 어떤 순서로 배열해야 할까요?

쏙독새

① 그 새는 쏙독쏙독 하는 소리를 내어 아주 어두운 곳에서도 날아갈 방향을 찾을 수 있다.
② 새들이 그들의 주위 환경에 적응하는 모습을 보면 참 흥미롭다.
③ 그 쏙독쏙독 하는 소리가 무언가에 부딪혔을 때 나오는 울림을 듣고 쏙독새는 동굴 벽을 피해서 날 수가 있는 것이다.
④ 예를 들어서, 남아메리카에는 동굴 속에서 사는 '쏙독새'라는 새가 있다.

8 문장과 단락 ①

▶▶▶ 오늘 생각할 내용

단락이란 무엇인가?

 같은 내용을 다루는 문장끼리 모으기

※옆 페이지에 있는 문장들을 점선을 따라 가위로 오려서 책상 위에 번호대로 늘어놓으세요.

잠수함

1. 이 밸브가 열리면, 바닷물이 탱크 속으로 밀려 들어가 꼭대기에 있는 또 다른 밸브를 통하여 공기가 밀려 나가게 된다.

2. 잠수함은 물의 표면 위나 그 밑으로 항해할 수 있도록 특별히 설계되어 있다.

3. 그리하여 탱크에 바닷물이 점점 더 많이 찰수록 잠수함은 점점 더 무거워져서 물 표면 아래에 가라앉게 된다.

4. 평화시에도 잠수함은 쓸모가 있는데, 과학자들이 잠수함을 이용하여 바다 밑 깊은 곳의 생물과 지형을 연구할 수 있기 때문이다.

5. 이 실린더가 열리면, 압축된 공기가 탱크로 밀려 들어가 물을 밖으로 밀어내게 된다.

6. 이와 같은 탱크 하나하나의 바닥에는 '밸브'라 불리는 일종의 문이 나 있다.

7. 이러한 목적으로 그 배에는 압축 공기가 가득 찬 커다란 금속 실린더가 들어 있다.

8. 전쟁시에 잠수함은 적에게 들키지 않고 물 밑을 자유롭게 움직일 수 있다.

9. 잠수함을 다시 물 표면으로 떠올리기 위해서는 탱크의 물을 비우고, 그것을 다시 공기로 채워야만 한다.

10. 실린더로부터 공기가 탱크를 채워 올라가 물을 밖으로 밀어내면, 잠수함은 점점 가벼워져서 다시 물 표면으로 떠오르게 된다.

11. 그 설계의 비결은 잠수함이 갖고 있는 몇 개의 커다란 탱크에 있는데, 잠수함이 물 표면에 떠 있는 동안에는 탱크 속에 오직 공기만이 들어 있을 뿐이다.

12. 잠수함은 전쟁시에나 평화시에나 매우 쓸모가 있는데, 다른 배처럼 바다의 표면 위를 움직일 수도 있고, 또한 바다 밑에서 움직일 수도 있기 때문이다.

1-1 다음을 보고 생각해 봅시다.

1) 〈문장 1〉을 읽고, 이 문장에 나오는 낱말들을 단서로 하여 앞이나 뒤에 올 수 있는 문장을 찾아서 순서대로 배열해 보세요.

　　〈　　〉ㅡ〈문장 1〉ㅡ〈　　〉

2) 같은 방법으로 계속해서 앞이나 뒤에 올 수 있는 문장들을 찾아봅시다.

　　〈　　〉ㅡ〈　　〉ㅡ〈　　〉ㅡ〈문장 1〉ㅡ〈　　〉

3) 이렇게 모여진 문장들은 같은 주제를 다루고 있습니다. 이 문장들의 모임은 잠수함의 어떤 기능이나 측면에 관하여 말하고 있나요?

1-2 이번에는 다른 내용을 다루고 있는 문장들을 모아 봅시다.

1) 〈문장 4〉는 무엇에 관하여 말하고 있나요?

2) 〈문장 4〉와 같은 내용을 다루고 있는 두 개의 문장을 찾아내고, 〈문장 4〉의 앞에 올지 뒤에 올지 생각해 보세요.

　　〈　　〉ㅡ〈　　〉ㅡ〈　　〉

1-3 나머지 네 개의 문장들도 잠수함에 관한 특정한 주제를 다루고 있습니다.

1) 이 문장들의 모임이 다루고 있는 주제는 무엇인가요?

2) 세 번째 그룹의 문장들을 올바른 순서대로 다시 배열해 보세요.

〈　　　〉—〈　　　〉—〈　　　〉—〈　　　〉

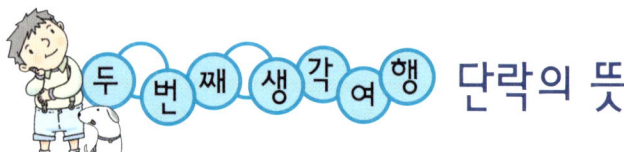 단락의 뜻

2-1 첫 번째 생각여행에서 우리가 함께 해 본 활동을 생각해 봅시다.

1) 서로 어울리는 문장들을 찾아내어, 세 가지 종류의 '문장 모임'을 만들어 보세요.

2) 각각의 '문장 모임'에 속한 문장들을 올바른 순서로 배열해 보세요.

3) 단락이란 무엇이고 어떤 기능이 있는지 알아보세요.

4) 앞에서 분류한 세 가지 문장들의 모임을 어떤 순서대로 놓아야 할지 생각해 봅시다.

단락	문장 모임(문장의 순서)
첫째 단락	
둘째 단락	
셋째 단락	

5) 앞에서 분류한 단락들의 중심생각이 무엇인지 말해 봅시다.

글의 제목	단락	중심생각
잠수함	단락 1	
	단락 2	
	단락 3	

3-1
오른쪽 글을 잘 살펴보세요. 어떤 글의 문장들을 순서 없이 흩어 놓은 것입니다. 가위로 오려서 다음과 같은 순서에 따라 원래의 모습대로 정리해 봅시다.

1. 서로 어울리는 문장들을 찾아서 모아 보세요.
2. 모아진 문장들을 순서대로 나열해 보세요.
3. 각각의 문장 모임(단락)들을 어떤 순서로 놓아야 할지 생각해 보세요.

1) 문장 모으기

	문장 모임
그룹 1	
그룹 2	
그룹 3	

2) 단락과 문장을 순서대로 나열하기

	문장의 순서
단락 1	
단락 2	
단락 3	

다이아몬드의 매력

1. 그렇다면 다이아몬드는 무엇으로 만들어졌을까?

2. 그리하여 순수한 탄소로 이루어진다고 한다.

3. 다이아몬드라는 낱말은 그리스어 '아다마스'에서 나왔다.

4. 다이아몬드의 매력은 그 어느 것에도 비길 데 없는 '번쩍임'에 있다.

5. 이것은 세상에서 제일 단단한 물질에 딱 들어맞는 이름이다.

6. 이 번쩍임은 빛을 아름답게 분열시켜 7가지 색을 찬란하게 반사시켜서 생긴 것이다.

7. 이 '아다마스'라는 말은 '무적'이라는 뜻이다.

8. 그 어떤 보석으로도 그와 같은 찬란한 빛을 만들지 못한다.

9. 다이아몬드는 지구 내부 깊숙한 곳에서 엄청난 압력과 온도 아래서 만들어진다.

10. 사람들은 왜 이 탄소 덩어리를 좋아하는 걸까?

11. 이 세상에는 수많은 종류의 보석이 있다.

12. 그중에서도 다이아몬드는 보석의 여왕이라고 할 수 있다.

3) 단락의 중심생각

	중심생각
단락 1	
단락 2	
단락 3	

9 문장과 단락 ②

▶▶▶ **오늘 생각할 내용**

문장과 단락은 어떻게 연결되어 있을까?

  문장과 단락을 연결하기

※옆 페이지의 다음과 같은 문장들이 적힌 종이를 점선을 따라 가위로 오려서 책상 위에 번호대로 늘어놓으세요.

1. 날아다니면서 이와 같은 일을 하기 위해 벌새들은, 헬리콥터처럼 날면서 뒤로 떠오르거나 날아다니는 능력을 길러 왔다.

2. 사실상 세계에서 가장 작은 새는 벌새이다.

3. 이러한 에너지를 얻기 위해 그것들은 몸집에 비해 엄청난 양의 먹이를 먹고 있다.

4. 벌새들은 극히 작은 새의 무리에 속한다.

5. 만일 우리가 몸집에 비례해 벌새와 같은 양의 음식을 먹는다면, 하루에 대략 79kg 정도의 음식을 먹어야 할 것이다.

6. 예컨대, 그것들은 날아다니면서 목욕도 하고, 부리로 깃을 다듬기도 하며, 심지어 벌레나 꽃의 꿀을 먹기도 한다.

7. 벌새들이 매일 엄청난 양의 에너지를 소모한다는 사실은 놀랄 만한 일이 아니다.

8. 그것의 몸길이는 단지 약 2.5cm 정도일 뿐이다.

9. 이것은 햄버거의 무게로 쳐서 대체로 700여 개의 무게에 해당한다.

10. 벌새들은 짧은 다리와 작은 발로 걸을 수 없기 때문에 날아다니면서 많은 일을 하는 데 적응되어 왔다.

11. 그러한 무리에 속하는 대부분의 새들은 머리에서 꼬리 끝까지의 길이가 10cm에도 미치지 못하고 있다.

1-1 앞에서 가위로 오린 문장들을 자세히 읽어 봅시다. 이제 여러분이 할 일은 지난 시간에 배운 대로 그 문장들을 올바른 순서에 따라 다시 배열하는 것입니다.

1) 이 문장들을 내용에 따라서 세 개의 집합으로 분류해 봅시다.
    (문장의 번호를 써 보세요.)

    ① 집합 1:{   }
    ② 집합 2:{   }
    ③ 집합 3:{   }

2) 이렇게 모여진 문장들을 뜻이 통하도록 순서대로 다시 배열해 봅시다. 이때 이어 주는 말(접속어)이나 가리키는 말(지시어)을 잘 살펴보면, 올바르게 배열하는 데 큰 도움이 될 것입니다.

    ① 집합 1:(→   →   )
    ② 집합 2:(→   →   →   )
    ③ 집합 3:(→   →   →   )

3) 세 문장들의 집합(즉, 단락) 중에서 어떤 것이 맨 처음에 오고, 중간 또는 마지막에 와야 할지 순서를 정해 보세요.

    ① 첫 번째 단락:(   )
    ② 두 번째 단락:(   )
    ③ 세 번째 단락:(   )

4) 순서대로 정리된 각 단락의 중심생각은 무엇인가요?

　　① 첫 번째 단락:(　　　　　　　　　　　　)
　　② 두 번째 단락:(　　　　　　　　　　　　)
　　③ 세 번째 단락:(　　　　　　　　　　　　)

※ 옆 페이지의 다음과 같은 문장들이 적힌 종이를 점선을 따라 가위로 오려서 책상 위에 번호대로 늘어놓으세요.

2-1 가위로 오린 문장들을 자세히 읽어 봅시다. 이제 여러분이 할 일은 그 문장들을 올바른 순서로 다시 배열하는 것입니다.

1) 이 문장들을 내용에 따라서 세 개의 집합으로 분류해 봅시다. (문장의 번호를 써 보세요.)

　　① 집합 1:{　　　　　　　　　　}
　　② 집합 2:{　　　　　　　　　　}
　　③ 집합 3:{　　　　　　　　　　}

1. 그 별들은 크기와 온도가 다르고, 지구에서 별들까지의 거리가 다르기 때문에, 우리 눈에 어둡게도 보이고 밝게도 보입니다.

2. 밤하늘에 떠 있는 별들은 모두 밝기가 조금씩 다릅니다.

3. 별까지의 거리만큼이나 그 크기도 별에 따라서 많이 다릅니다.

4. 어떤 별은 태양보다 훨씬 작고, 어떤 별들은 태양보다 수백 배나 큽니다.

5. 실제로 가장 많이 쓰이는 방법은 별이나 은하가 내는 빛의 도플러 효과를 이용하는 방법입니다.

6. 그래서 실제로는 밝은 별도 멀리 있으면 우리 눈에 어둡게 보이고, 어두운 별도 가까이 있으면 우리 눈에 밝게 보이는 것입니다.

7. 아마도 태양은 별들 중에서 중간보다 조금 작은 별일 것입니다.

8. 그렇다면 우리는 지구에서 별들까지의 거리를 어떻게 알 수 있을까요?

9. 가까운 거리에 있는 별은 연주시차법이라는 방법을 통해서 알 수 있고, 멀리 있는 별은 밝기가 변하는 변광성을 이용해서 알 수 있습니다.

2) 이렇게 모여진 문장들을 뜻이 통하도록 순서대로 다시 배열해 봅시다. 이때 이어 주는 말(접속어)이나 가리키는 말(지시어)을 잘 살펴보면, 올바르게 배열하는 데 큰 도움이 될 것입니다.

① 집합 1:(　　　　→　　　　→　　　　)
② 집합 2:(　　　　→　　　　→　　　　)
③ 집합 3:(　　　　→　　　　→　　　　)

3) 세 문장들의 집합(즉, 단락) 중에서 어떤 것이 맨 처음에 오고, 어떤 것이 중간 또는 마지막에 와야 할지 순서를 정해 보세요.

① 첫 번째 단락:(　　　　)
② 두 번째 단락:(　　　　)
③ 세 번째 단락:(　　　　)

4) 순서대로 정리된 각 단락의 중심생각은 무엇인가요?

① 첫 번째 단락:(　　　　　　　　　　　　)
② 두 번째 단락:(　　　　　　　　　　　　)
③ 세 번째 단락:(　　　　　　　　　　　　)

글의 중심생각 찾아내기

▶▶▶ 오늘 생각할 내용

주어진 글의 중심생각을 어떻게 찾아낼 수 있을까?

 중심생각의 변화와 단락의 구분

1-1 다음 글을 읽고 단락을 구분해 봅시다. 첫 번째 단락은 도입부이고, 나머지 단락은 각각 강의 일생에서 몇몇 특정한 '단계'를 다루고 있습니다.

> 사람과 마찬가지로 강도 역사를 가지고 있다. 그러나 강은 역사를 책으로 남기지 않고, 노래를 부르며 가로지르는 들판에 남기게 된다. 강은 처음 태어났을 때에나 아직 어린아이인 동안에 매우 장난이 심하고 놀기를 좋아한다. 바위 사이를 뛰어다니며 흰 거품을 가득 만들어 내기도 하고, 마치 땅과 함께 노는 듯 그 속으로 숨기도 하며, 다시 나와 보글보글 소리를 내기도 한다. 더 자라 젊은이가 되면 강은 활력과 힘이 넘치게 된다. 마치 자신이 세계의 주인인 듯 대담하게 움직인다.

마치 그 지역 전체를 정복하려는 듯이 이리저리 휘돌며, 여기저기서 생명의 모든 아름다움을 만끽한다. 노년에 이르게 되면 강은 풍성함을 잃고 천천히 흐르게 된다. 들판에 영양분을 가져다 주고, 푸른 하늘의 한가로운 평화를 맑게 비춰 주다가 여러 날의 여행 끝에 마침내 팔을 벌려 큰 바다의 물과 만나게 된다.

1) 이 글에 제목을 붙여 봅시다. 그렇게 붙인 이유는 무엇인가요?

① 제목

② 이유

2) ① 첫 번째 단락은 어디까지인가요?

② 왜 그곳에서 단락이 구분되어야 한다고 생각합니까?

③ 이 단락의 중심생각은 무엇인가요?

3) ① 두 번째 단락은 어디까지인가요?

② 왜 그곳에서 단락이 구분되어야 한다고 생각합니까?

③ 이 단락의 중심생각은 무엇인가요?

4) ① 세 번째 단락은 어디까지인가요?

② 왜 그곳에서 단락이 구분되어야 한다고 생각합니까?

③ 이 단락의 중심생각은 무엇인가요?

5) ① 네 번째 단락은 어디까지인가요?

② 왜 그곳에서 단락이 구분되어야 한다고 생각합니까?

③ 이 단락의 중심생각은 무엇인가요?

6) 각각의 네 단락에서 주제문장을 찾아 밑줄을 그어 봅시다. 각각의 주제문장이 해당 단락의 어느 부분에 위치하고 있는지 말해 봅시다.

2-1 다음 글을 읽고, 단락을 구분해 봅시다. 모두 네 개의 단락으로 구분될 수 있으며, 첫 번째 단락은 글 전체를 소개하고 있습니다.

라틴아메리카 음악은 아름다우면서도 독특하다고 세계적으로 정평이 나 있다. 그것의 독특한 아름다움은 서로 다른 세 가지의 음악 문화가 합쳐진 데서 비롯된다. 즉, 인디언 원주민의 문화, 아프리카의 문화, 그리고 유럽의 문화가 그것이다. 그것의 뚜렷한 음색은 타악기, 플루트, 기타와 같은 세 가지의 주요한 악기 때문이다. 타악기는 음악에 박자와 리듬을 가져다 준다. 두드리고, 흔들고, 문지를 때 소리를 내는 물건이면 무엇이든지 타악기가 될 수 있다. 라틴아메리카 인디언들은 이와 같은 타악기를 만들어 내는 데 매우 창의적이었다. 그들은 여러 가지 동물들의 뼈를 주로 사용했던 것이다. 이와 같은 토속적인 타악기들이 새로운 리듬을 가져왔다. 플루트는 라틴아메리카 음악에서 매우 중요한 부분인데, 그것에 멜로디가 실리기 때문이다. 인디언의 멜로디에는 단지 다섯 개의 음계밖에는 없었다. 이것은 맨 처음의 플루트가 다섯 개의 손가락에 맞도록 만들어져 있었다는 점에서 분명하다. 이와 같은 인디언의 멜로디에 유럽인과 아프리카인들이 새로운 음계와 하모니를 덧붙였다. 이로써 그 음악에 현재와 같은 음색의 풍부함이 갖추어진 것이다. 기타는 라틴아메리카 음악의 영혼이다. 우루과이의 아름다운 전설에는 기타의 탄생에 얽힌 다음과 같은 이야기가 전해 오고 있다. 옛날 언젠가 한 외로운 목동이 어떤 현자에게 어떻게 하면 친구를 찾을 수 있겠느냐고 물었다. 그 현자는 사람같이 생긴 나무토막 하나를 그에게 주었다. 매일 밤 모닥불 옆에 그것과 함께 앉아 있으면, 그것은 사랑과 우정의 노래를 불러 주곤 하였다. 오늘날 라틴아메리카 음악에는 독특하고도 다양한 기타들이 많이 사용되고 있다.

1) 이 글에 제목을 붙여 봅시다. 그렇게 붙인 이유는 무엇인가요?

① 제목

② 이유

2) ① 첫 번째 단락은 어디까지인가요?

② 왜 그곳에서 단락이 구분되어야 한다고 생각합니까?

③ 이 단락의 중심생각은 무엇인가요?

3) ① 두 번째 단락은 어디까지인가요?

② 왜 그곳에서 단락이 구분되어야 한다고 생각합니까?

③ 이 단락의 중심생각은 무엇인가요?

4) ① 세 번째 단락은 어디까지인가요?

② 왜 그곳에서 단락이 구분되어야 한다고 생각합니까?

③ 이 단락의 중심생각은 무엇인가요?

5) ① 네 번째 단락은 어디까지인가요?

② 왜 그곳에서 단락이 구분되어야 한다고 생각합니까?

③ 이 단락의 중심생각은 무엇인가요?

6) 각각의 네 단락에서 주제문장을 찾아 밑줄을 그어 봅시다. 각각의 주제문장이 해당 단락의 어느 부분에 위치하고 있는지 말해 봅시다.

2-2 다음 글을 읽고, 단락을 구분해 봅시다. 모두 세 단락으로 구분될 수 있습니다. 첫 번째 단락의 주제문장은 첫째 문장이 아닙니다.

> 지난주에 당신은 몇 마리의 거미를 보았는가? 만일 주의 깊은 사람이라면, 즉 주변을 주의 깊게 관찰하는 사람이라면, 아마도 거미를 한 마리 이상 보았을 것이다. 거미는 실내와 실외 어느 곳에나 살고 있다. 그것은 아주 흔한 일이므로 그것에 대해 몇 가지 사실을 알아 두는 것이 도움이 될 수 있다. 거미는 모두 여덟 개의 다리를 갖고 있다. 몸의 꼭대기나 앞부분에 거미의 머리가 붙어 있다. 몸의 아래쪽이나 뒷부분은 배로 알려져 있다. 뒤쪽 측면 가까이의 바닥에는 몇 개의 작은 관이 있다. 바로 이 작은 관에서 거미집을 짓는 실이 나오게 된다. 많은 사람들이 거미를 싫어하지만, 실제로는 그렇게 나쁜 평가를 받을 이유가 없다. 그것들은 방해를 받지 않는 한 물지 않으며, 설혹 문다고 하더라도 고통을 주거나 위험한 경우는 거의 없다. 게다가 거미들은 우리에게 유익하기까지 한데, 매년 그 거미집에서 잡아먹히는 해로운 곤충이 수천 마리에 이르기 때문이다.

1) 이 글에 제목을 붙여 봅시다. 그렇게 붙인 이유는 무엇인가요?

① 제목

② 이유

2) ① 첫 번째 단락은 어디까지인가요?

② 왜 그곳에서 단락이 구분되어야 한다고 생각합니까?

③ 이 단락의 중심생각은 무엇인가요?

3) ① 두 번째 단락은 어디까지인가요?

② 왜 그곳에서 단락이 구분되어야 한다고 생각합니까?

③ 이 단락의 중심생각은 무엇인가요?

4) ① 세 번째 단락은 어디까지인가요?

② 왜 그곳에서 단락이 구분되어야 한다고 생각합니까?

③ 이 단락의 중심생각은 무엇인가요?

5) 각각의 세 단락에서 주제문장을 찾아 밑줄을 그어 봅시다. 각각의 주제문장이 해당 단락의 어느 부분에 위치하고 있는지 말해 봅시다.

11 주제에 맞는 글쓰기

▶▶▶ 오늘 생각할 내용

1. 단락의 중심생각과 관련 없는 문장을 어떻게 찾아낼 수 있을까?
2. 주어진 중심생각에 어울리게 글을 쓰려면 어떻게 해야 할까?

 관련 없는 문장 찾아내기

1-1 다음 글을 읽고 전체의 내용과 관련 없는 문장을 찾아내 봅시다.

> 우리가 살고 있는 행성인 지구는 끊임없이 움직이고 있다. 지구는 동시에 두 가지 방식으로 움직인다. 그 한 가지 움직임은 태양 둘레를 도는 일이다. 지구는 1초에 약 32km의 속도로 태양 둘레를 타원형으로 돌고 있다. 이처럼 태양 둘레를 완전히 한 바퀴 도는 데에는 1년이 걸린다. 사실은 이것이 1년의 뜻인 것이다. 가장 큰 행성인 목성이 태양의 주위를 완전히 한 바퀴 도는 데에는 지구의 12배의 시간이 걸린다. 지구는 이렇게 태양 둘레를 도는 동시에 그 자체의 축을 중심으로 스스로 돌기도 한다. 이처럼 완전히 한 바퀴 도는 시간이 하루 24시간이다.

1) 이 글의 주제문장은 무엇인가요?

2) 이 주제문장에 비추어 볼 때, 가장 어울리지 않는 문장은 무엇인가요?

3) 그렇게 생각하는 이유는 무엇인가요?

1-2 다음 글을 읽고 전체의 내용과 관련 없는 문장을 찾아내 봅시다.

> 거미게는 위장술을 사용하여 적으로부터 몸을 보호한다. 그것은 집게발을 사용하여 바다 밑에서 작은 조개나 해초 가닥을 집어 올린다. 일단 그렇게 집어 올린 것은 타액(침)을 이용하여 등에 나 있는 작은 털 위에 붙여 놓는다. 과학자들은 거미게의 타액이 무엇으로 되어 있는가를 알아내려 노력하고 있다. 물에 젖은 표면에도 붙을 수 있는 접착제가 있다면 매우 쓸모 있기 때문이다. 거미게가 완전히 위장을 하게 되면 전혀 게처럼 보이지 않는다. 마치 식물이나 조개로 덮여 있는 바위처럼 보일 뿐이다. 만일 어떤 새로운 장소로 옮겨가게 되면, 거미게는 위장을 바꾸어 그 새로운 환경에 적응한다.

1) 이 글의 주제문장은 무엇인가요?

2) 이 주제문장에 비추어 볼 때, 가장 어울리지 않는 문장은 무엇인가요?

3) 그렇게 생각하는 이유는 무엇인가요?

1-3 다음 글을 읽고 전체의 내용과 관련 없는 문장을 찾아내 봅시다.

> 온도는 온도계라는 기구로 측정된다. 대부분의 온도계가 작용하는 원리는 몇몇 액체의 경우 뜨거워지면 부피가 팽창하고, 차가워지면 수축하는 데 있다. 대부분의 온도계 속에 들어 있는 액체는 수은 아니면 알코올인데, 이것들은 그 부피가 온도에 따라 특별히 민감하게 변화하기 때문이다. 온도계 주변의 공기가 더워짐에 따라 그 안의 수은이나 알코올도 더워지게 되고, 따라서 부피가 팽창하여 온도계를 따라 올라가게 된다. 알코올의 경우 밀폐된 통은 서늘한 곳에 보관하도록 주의할 필요가 있는데, 만일 알코올이 뜨거워지면 너무 팽창하여 그 통이 폭발할 수 있기 때문이다. 온도계 주변의 공기가 차가워지면, 그 안의 액체 역시 차가워지고 그리하여 다시 줄어들게 된다.

1) 이 글의 주제문장은 무엇인가요?

2) 이 주제문장에 비추어 볼 때, 가장 어울리지 않는 문장은 무엇인가요?

3) 그렇게 생각하는 이유는 무엇인가요?

2-1 다음에 주어진 제목과 단락들 중에서 한 가지를 골라서 오른쪽 페이지에 글을 직접 써 봅시다.

제목:컴퓨터와 공부

단락 1	다양한 컴퓨터 프로그램
단락 2	학습에 도움이 되는 컴퓨터 프로그램
단락 3	앞으로의 전망

제목:비만 어린이의 증가

단락 1	잘못된 식생활과 운동 부족
단락 2	비만을 막는 방법 1:식생활 개선
단락 3	비만을 막는 방법 2:적당한 운동

제목
단락 1
단락 2
단락 3

종합연습 및 4단계 평가문제

1 다음 각 쌍의 낱말들은 뜻이 비슷하지만 정확하게 같지는 않습니다. 어떤 차이가 있는지 생각해 봅시다.

1) 고기 : 물고기

2) 마시다 : 먹다

3) 느리다 : 게으르다

2 다음 문장의 밑줄 친 낱말과 뜻이 비슷한 말(동의어)을 찾아보세요.

1) 한국대표팀이 승리하자 모두 자리에서 일어나 환호성을 했다.

   (마구 날뛰었다, 큰 웃음, 재미있어했다, 소리를 지르며 기뻐했다, 기뻐서 눈물을 흘렸다)

2) 호랑이 선생님이 나타나자 교실 안은 갑자기 쥐 죽은 듯하였다.

   (아주 슬퍼진 듯, 시끌벅적, 쥐처럼 작아진 듯, 아주 조용)

3 '추위'와 '더운'은 서로 반대말인가요? 다음 문장에 바꾸어 넣고 생각해 봅시다.

1) 그곳에 사는 사람들은 추위에 아주 강한 체력을 갖고 있습니다.
2) '추위'라는 낱말과 정확히 반대되는 낱말은 무엇일까요?

4 다음은 어떤 차원과 관련된 낱말들인지 생각해 보고, 각각의 낱말과 뜻이 반대인 낱말을 생각해 봅시다.

차원:( )	반대말
아주 눈부신	
환한	
밝음	
밝아지는	
밝기	

5 다음의 여러 낱말들 중에서, 여러 가지 원소들의 집합인 것과 그렇지 않은 것을 구분해 봅시다.

> 채소, 감정, 가방, 경복궁, 강화도, 자동차, 크기,
> 서울역, 시드니, 색깔, MBC 방송

1) 여러 가지 원소들의 집합 이름을 나타내는 낱말

2) 하나의 특별한 것을 나타내는 낱말(고유명사)

6 다음 문장들을 가지고 뜻이 통하는 이야기를 만들려면 어떤 순서로 배열해야 할까요?

> ① 크루소는 그 섬 주위를 조심스럽게 둘러보았다
> ② 크루소가 정신을 차리고 보니 그곳은 낯선 섬이었다.
> ③ 그러나 항해를 시작한 지 일주일쯤 되었을 때 거센 풍랑을 만나고 말았다.
> ④ 크루소가 탄 배는 많은 사람들을 싣고 출항하였다.
> ⑤ 파도에 휩쓸린 배는 암초에 부딪혀 난파되고 말았다.

7 다음 낱말들 외에 낱말을 더 추가하여 뜻이 통하는 문장을 만들어 보세요.

> 맹추위에, 작은, (　　), (　　), (　　)

1) 추가될 단어: ①
　　　　　　　②
　　　　　　　②

2) 완성된 문장: ①
　　　　　　　②
　　　　　　　②

8 다음 글을 세 단락으로 나누고 각 단락의 중심생각이 무엇인지 적어 보세요.

> 우리는 어려서부터 0, 1, 2, 3, 4, 5, 6, 7, 8, 9 라는 열 개의 숫자만 가지고 수를 나타낼 수 있도록 교육을 받아 왔다. 그래서 아무리 크거나 작은 수일지라도 이 열 개의 숫자로써 모든 수를 아무 불편 없이 나타낼 수 있다. 마치 우리가 물이나 공기를 당연히 여기듯이 편리한 숫자를 너무나 당연한 것으로 여기면서 말이다. 원래 우리 나라에서도 십, 백, 천, 만과 같이 열 단위씩 새로운 글자를 쓰고 있었다. 이와 같이 수를 나타내는 방법은 '10'이라는 수를 기본으로 하고 있으며, 이것을 '십진법'이라고 한다. 옛날부터 대부분의 민족은 이 십진법을 채택하였다. 그것은 사람의 손가락이 우연히 열 개였다는 극히 단순한 이유 때문이었다. 그러니까 사람의 손이 여섯 개 또는 여덟 개였다면 마땅히 육진법이나 팔진법이 쓰여지게 되었을 것이다. 지금 세계 어느 나라에서나 공통적으로 쓰이고 있는 아라비아 숫자에 의한 기수법도 십진법이다. 이 아라비아식 기수법을 제외한 다른 모든 기수법에서는 자리가 하나씩 올라갈 때마다 새로운 숫자를 만들어야 했지만, 아라비아 숫자를 사용하면 아무리 크거나 작은 숫자일지라도 0, 1, 2…9의 숫자 열 개만으로도 얼마든지 쉽게 나타낼 수 있다.

1) 첫째 단락

2) 둘째 단락

3) 셋째 단락

4단계 평가문제

1. 1) '따갑다'라는 말은 다음과 같은 차원(기준)들 중에서 어떤 차원에 속하는 낱말인가요?

   > 색깔, 맛, 무게, 촉감, 크기, 온도, 높이

   2) '따갑다'와 같은 차원에 속하는 낱말들을 아는 대로 모두 적어 보세요.

2. 다음에 있는 낱말들은 모두 '재미'의 차원과 관련된 낱말들입니다. 잘 살펴보고 이 낱말들을 재미있는 것을 나타내는 순서대로 배열해 보세요.

   > · 조금 지겨운   · 재미있는   · 지겨운   · 그저 그런
   > · 조금 재미있는 · 무척 지겨운 · 굉장히 재미있는

3. 위에 제시된 예에서 밑줄 친 낱말과 비슷한 말(동의어)을 찾아봅시다.

   > 민철이는 여러 가지 운동 경기 중에서 농구가 <u>가장 흥미 있는</u> 경기라고 말했습니다.

4 다음 문장의 밑줄 친 낱말과 뜻이 비슷한 말을 찾아보세요.
   1) 쓰러진 나무들이 냇물의 흐름을 막고 있다.
      (증가하고 있다, 통나무, 재미있다, 방해하고 있다)

   2) 뜨거운 태양 아래에서 고기가 썩고 있었다.
      (쓰레기, 냄새가 나고, 부패하고, 파리가, 익어 가고)

5 '늙은'과 '젊은이'는 서로 반대말인가요?
   다음 문장에 바꾸어 넣고 생각해 봅시다.
   1) 그 산 밑에는 늙은 사람들이 많이 살고 있습니다.
   2) '늙은'이라는 낱말과 정확히 반대되는 낱말은 무엇일까요?

6 주어진 문장을 읽고 밑줄 친 낱말과 반대인 낱말을 괄호 안에 써넣어 보세요.
   1) 네가 만일 곰 인형을 샀다면, 누군가가 그것을 너에게 (   ) 것이다.
   2) 만일 내가 질문을 했다면, 누군가가 나에게 (   )을 할 것이다.

7 다음은 '길이'와 관련된 낱말들입니다. 각각의 낱말과 뜻이 반대인 낱말을 생각해 봅시다.

차원:( )	반대말
긴	
길쭉한	
키다리	
길다	
길어지다	

8 다음 낱말들의 공통적인 특징은 무엇인지 생각해 봅시다. 이 낱말들이 속하는 집합의 이름은 무엇일까요?

1) {빠르다, 느림보, 느리다, 날쌘돌이, 빨리, 고속, 저속}

2) {달콤한, 매운, 짠, 시다, 쓰다, 시큼한}

9 다음 낱말들 가운데에서 나머지 것들과 다른 집합에 속하는 낱말을 찾아내 봅시다. 그리고 나머지 낱말들이 속하는 집합의 이름도 적어 보세요.

1) {음악, 미술, 수학, 신문, 사회, 영어}

- 집합에 속하지 않는 것
- 집합의 이름

2) {냉장고, 전기난로, 자전거, 텔레비전, 컴퓨터, 세탁기}

- 집합에 속하지 않는 것
- 집합의 이름

10 다음의 여러 낱말들 중에서, 여러 가지 원소들의 집합인 것과 그렇지 않은 것을 구분해 봅시다.

> 의자, 학교, 에버랜드, 낙동강, 초등학생, 크다
> 영국, 고속버스, 부산, 고구마, 박세리

1) 여러 가지 원소들의 집합 이름을 나타내는 낱말

2) 하나의 특별한 것을 나타내는 낱말(고유명사)

11 다음 낱말의 집합에 속할 수 있는 것들을 3가지 이상 적어 보세요.

1) 자동차
   { }

2) 꽃
   { }

3) 과자
   { }

12 다음 각각의 예를 5가지씩 찾아서 적어 보세요.

1) 여러 가지 원소들의 집합 이름을 나타내는 낱말
   { }

2) 하나의 특별한 것을 나타내는 낱말(고유명사)

{   }

13 다음에 주어지는 낱말 쌍의 유비 관계가 무엇인지 생각해 보고, 괄호 안에 들어갈 낱말이 무엇인지 찾아보세요.

1) 자동차와 휘발유의 관계는 텔레비전과 (   )의 관계와 같다.

2) 소와 송아지의 관계는 말과 (   )의 관계와 같다.

14 다음 문장 속에 들어 있는 유비 관계를 찾아내 봅시다.

상어는 물고기의 왕이다.
상어 : 물고기 :: 왕 : (   )

15 다음 문장에서는 주어를 무엇인가 다른 것에 비유하는 유비가 포함되어 있습니다. 주어가 무엇에 비유되고 있는지 생각해 보세요.

많은 사람들이 갑자기 강당 안으로 쏟아져 들어왔다.
사람들 : 들어오다 :: (   ) : 쏟아져 들어오다

16 다음 낱말들을 적당히 배열하여 뜻이 통하는 여러 가지 문장을 만들어 보세요.

> 고양이(가, 의), 생선(을, 이), 꿀꿀이(가, 의), 먹어 버렸다.

1)

2)

3)

17 다음 문장들을 가지고 뜻이 통하는 이야기를 만들려면 어떤 순서로 배열해야 할까요?

> ① 아저씨는 음식을 만들기 시작했다.
> ② 아저씨는 슈퍼마켓 앞에서 발길을 멈추었다.
> ③ 아저씨는 저녁 식사에 필요한 식품들을 샀다.
> ④ 아저씨는 식품들을 손에 들고 자기 집으로 돌아왔다.
> ⑤ 아저씨는 슈퍼마켓 안으로 들어갔다.

4단계 평가문제

18 다음에 주어지는 낱말들 외에 낱말을 더 추가하여 뜻이 통하는 문장을 만들어 보세요.

> 개구리를, 뱀은, 작은, (　　　), (　　　)

1) 추가될 단어: ①
　　　　　　　 ②
　　　　　　　 ②

2) 완성된 문장: ①
　　　　　　　 ②
　　　　　　　 ②

19 다음 글을 읽고, 물음에 답해 보세요.

> 여러분은 교향곡에 대해서 얼마나 알고 있나요? 교향곡은 영어로 '심포니'라고 합니다. 이 말은 그리스어인 '심포니아'에서 유래되었습니다. '완전한 어울림'이라는 뜻이지요. 교향곡의 형식은 기본적으로 4악장으로 이루어져 있습니다. 1악장은 소나타형식으로 빠른 악장이고, 2악장은 가곡처럼 완전한 형식, 3악장은 춤곡처럼 발랄한 형식입니다. 그리고 4악장은 다시 소나타의 형식으로 돌아와 빠른 박자의 악장으로 이루어집니다. 오늘날 연주되는 교향곡이 이루어진 것은 오페라의 서곡과 깊은 연관이 있습니다. 오페라가 시작되기 전에 연주하는 곡을 '서곡'이라고 합니다. 오페라의 분위기와 곡에 대한 해설을 담은 곡입니다. 서곡으로 연주되던 교향곡은 하이든에 이르러서 4악장으로 이루어진 독자적인 형식을 갖추게 됩니다. 하이든은 이렇게 완성된 형식의 교향곡을 수도 없이 작곡했습니다. 그래서 하이든을 '교향곡의 아버지'라고 부릅니다.

1) 이 글을 세 개의 단락으로 구분해 보세요.

2) 각 단락의 중심생각이 무엇인지 적어 보세요.
   ① 첫째 단락
   ② 둘째 단락
   ③ 셋째 단락

20 다음의 문장들을 읽고 아래 문제를 생각해 봅시다.

1. 여드름을 완벽하게 예방하고 치료하는 방법은 없습니다.
2. 여드름은 주로 사춘기에 얼굴이나 가슴에 나는 피부병입니다.
3. 첫째, 하루에 두세 번 정도 비누 세수를 해 주는 것이 좋습니다
4. 이 여드름은 우리 몸에 나는 종기와 같은 증상이 나타나지요.
5. 하지만 충분한 효과를 볼 수 있는 몇 가지 방법은 있습니다.
6. 그래서 종기처럼 빨갛게 부어오르기도 하고, 노란 덩어리가 생기기도 합니다.
7. 여드름은 피지가 지나치게 많아져서 생깁니다.
8. 사춘기의 여자보다 남자에게 여드름이 더 많이 나는 것도 남성호르몬이 많이 분비되기 때문입니다.
9. 이 피지는 우리 피부 안쪽에 있는 지방 성분입니다.
10. 그러나 피지가 주범은 아니고, 남성호르몬이 너무 많이 생산되면 그만큼 피지의 분비도 많아집니다.
11. 둘째, 피부를 햇볕에 알맞게 노출시키는 것도 좋은 방법입니다.
12. 때로는 그 노란 덩어리가 검게 변하기도 하는데, 눌러서 짜면 치즈 같은 고름이 나옵니다.

4단계 평가문제

1) 문장들을 중심생각에 따라서 세 개의 문장 모임으로 모으고, 순서대로 배열해 보세요.

① 집합 1:(　　　→　　　→　　　→　　　)

② 집합 2:(　　　→　　　→　　　→　　　)

③ 집합 3:(　　　→　　　→　　　→　　　)

2) 각 단락의 중심생각은 무엇입니까?

① 집합 1

② 집합 2

③ 집합 3

3) 위의 문장 모임인 집합 1~3을 내용에 따라 순서대로 배열해 보세요.

· 단락 1:(　　　　　)
· 단락 2:(　　　　　)
· 단락 3:(　　　　　)

해답 및 학습지도안

Ⅰ. 낱말들은 어떻게 어울리나

1. 뜻이 아주 비슷한 말들

낱말이 가지고 있는 미묘한 의미 차이와 낱말이 서로 연관된 방식을 분명히 하여 낱말에 대한 이해를 돕는다. 이와 함께, 어떤 대상이나 사건을 정확히 표현하고 해석하는 힘을 길러 준다.

▷ 동의어는 비슷한 뜻을 가진 낱말들을 의미한다. 낱말들 사이에는 그 의미가 똑같지는 않더라도 다양한 방식으로 서로 중첩되는 의미를 갖는 경우가 많다. 여기에서는 순서를 정할 수 있는 차원의 낱말들을 관련성의 정도에 따라서 배열하는 활동을 한다.

첫 번째 생각여행 8~9쪽

▶ "우리가 첫 번째 생각여행을 통하여 배울 것은 낱말들 사이의 관계입니다."

1-1
1) 생쥐/개미/땅꼬마/아기/조그맣다/어리다
2) 작은 물체들이나 작음을 나타내는 말들이기 때문이다.
▶ "혹시 전혀 다른 낱말을 연상했다면, 그것이 어떤 낱말인지, 왜 그런 낱말을 생각했는지 말해 보세요."
3) ⑤
4) 조그맣다/크다/아주 크다/커다랗다/아주 작다/거대하다/중간 크기의/보통의
▷ 한 낱말로 이루어진 것 외에 '아주 크다', '중간 크기의' 등과 같이 두 개 이상의 낱말로 이루어진 복합어나 어구도 괜찮다.
5)
▶ "이 낱말들 가운데 어느 것이 가장 작은 것을 나타내나요? ('아주 작다'입니다.) 그렇다면 이 낱말을 목록의 맨 처음에 놓도록 하세요. 그 다음에는 어떤 낱말이 와야 할까요? 어느 것이 그 다음 크기를 나타내고 있는지 적어 보세요."

(아주 작다)→(조그맣다/작다)→(보통의/중간 크기의)→(커다랗다/크다)→(거대하다/아주 크다)

▶ "이런 식으로 낱말들을 배열하다 보면, 특정한 낱말 다음에 어떤 낱말이 와야 할지 결정하기 어려운 경우가 있을 것입니다. 이럴 때에는 그 낱말들을 나란히 써 놓고, 뜻을 서로 비교해 보세요."
▷ 크기를 비교하기 어려운 것은 한곳에 같이 배열한다. 위의 배열과는 반대 방향으로, 즉 큰 것부터 작은 것의 순서로 낱말을 배열하는 학생이 있을 수 있다. 이 방법도 얼마든지 괜찮다고 말해 준다.
▶ "'크기' 차원의 낱말들은 가장 작은 상태에서부터 가장 큰 상태에 이르기까지 순서대로 배열을 할 수 있습니다. 즉, '크기'는 순서를 정할 수 있는 차원입니다. 어떤 낱말들이 가장 작은 상태로부터 가장 큰 상태에 이르기까지 순서대로 배열하는 것이 가능하다면, 그것은 곧 순서를 정할 수 있는 차원을 나타내고 있는 것입니다. 위에서 어떤 낱말들은 서로 나란히 써 놓았습니다. 왜 그랬지요? (어떤 것이 더 크고 더 작은지 분명하지 않기 때문입니다.)"
▶ "두 낱말이 서로 가까우면 그것이 나타내는 크기도 비슷합니다. 다음 두 문장을 비교해 볼까요.
① 저 벼룩은 아주 작다.
② 저 벼룩은 아주 조그맣다.
'저 벼룩은 작다'고 말하는 대신 '저 벼룩은 조그맣다'고 말해도 뜻이 비슷한 것입니다. 이 두 개의 문장이 똑같은 것은 아니지만, 서로 가까이 배열된 낱말을 사용했기 때문에 뜻이 거의 같다고 할 수 있지요."
▶ "'작다'와 '조그맣다'라는 낱말은 그 뜻이 너무 비슷해서 어느 것을 먼저 배열해야 좋을지 결정하기가 매우 어렵습니다. 이와 같이 뜻이 아주 가까운 두 낱말을 우리는 '동의어'라고 부릅니다. '동의'(同義)는 '뜻이 같다'는 것을 가리키고, '어'(語)는 낱말을 가리킵니다."

두 번째 생각여행 10~11쪽

▷ 순서를 정할 수 있는 차원의 낱말을 순서대로 배열하고,

가장 가까이에 있는 낱말을 찾아서 문장에 대입시켜 보아, 동의어를 찾는 사고 연습을 한다.

2-1
1)
▶ "순서를 정할 수 있는 차원의 낱말들을 순서대로 배열해 봅시다.
① 먼저 그 낱말들이 나타내고 있는 차원이 무엇인지 생각해야 합니다.
② 하나의 수직선을 긋고 그것을 차원이라고 간주합니다. 수직선의 맨 위에는 그 차원에서 가장 작거나 약한 것을 적습니다. 그리고 수직선의 맨 아래에는 가장 크거나 강한 것을 적습니다."

- 얼 정도로 찬
- 차가운
- 서늘한
- 따뜻한
- 뜨거운
- 아주 뜨거운
- 끓는

▶ "'얼음처럼 차가운'이라는 말이 맨 위에 써 있는데, 바로 그 밑에는 어떤 낱말이 와야 가장 가까운 의미가 될까요? ('얼 정도로 찬'이라는 말입니다.) 이것은 온도 차원에서 두 말이 갖는 의미가 가까움을 나타냅니다."

▶ "점 사이의 거리는 낱말의 의미 사이의 거리를 나타냅니다. '얼음처럼 차가운'과 '얼 정도로 찬'은 모두 매우 차갑다는 것을 의미합니다. 반면에 '얼 정도로 찬'과 '끓는'은 매우 멀리 떨어져 있는데, 하나는 매우 차가움을 나타내고, 다른 하나는 매우 뜨거움을 나타내기 때문입니다."

2) 아주 뜨거운
▶ "'끓는'이라는 낱말 대신 위의 낱말들을 넣어서 읽어 보고, 뜻이 잘 통하는지, 또는 뜻이 통하지 않고 어색한지 생각해 보세요. '끓는' 대신에 '아주 뜨거운'이라는 말을 넣어도 뜻이 그다지 변하지 않습니다. '뜨거운'이라는 말을 넣어도 문장이 어색하지는 않습니다. '뜨거운'은 온도의 차원에서 '끓는'과 상당히 가깝다고 할 수 있지요. 그러나 '끓는' 대신에 '따뜻한'이라는 말을 넣으면 어떨까요? 문장의 뜻이 조금 이상해지는 것을 알 수 있지요. 만약 '서늘한'이라는 낱말을 넣으면 더욱

더 이상한 문장이 되고 맙니다. 이러한 점을 통하여, 우리는 순서를 정할 수 있는 차원에서 두 낱말이 멀리 떨어져 있으면 있을수록 그 의미도 서로 멀어지게 마련임을 알 수 있습니다. 다시 말해서, 멀리 떨어져 있는 낱말일수록 바꾸어 써 넣으면 뜻이 통하지 않는 문장이 되고 맙니다."

2-2
1)
- 소곤거렸다
- 중얼거렸다
- 말했다
- 소리쳤다
- 소리를 질렀다
- 환호를 했다
- 울부짖었다

2) 말하는 세기의 정도
3) 환호를 했다
▶ "'소리를 질렀다'라는 낱말 대신 위의 낱말들을 넣어서 읽어 보고, 뜻이 잘 통하는지, 또는 뜻이 통하지 않고 어색한지 생각해 보세요."

생각연습 12~15쪽

▷ 앞에서 공부하였듯이, 순서대로 낱말 배열하기, 동의어 찾기 등의 활동을 여러 가지 방식으로 연습하게 된다.

3-1
1)
- 돼지 같은
- 뚱뚱한
- 살찐
- 통통한
- 날씬한
- 호리호리한
- 홀쭉한

2) 살이 찐 정도
3) 통통한
▶ "'포동포동한'이라는 낱말 대신 위의 낱말들을 넣어서 읽어 보고, 뜻이 잘 통하는지, 또는 뜻이 통하지 않고 어색한지 생각해 보세요."

3-2

1) · 엉금엉금 가다
   · 걸어가다
   · 달려가다
   · 뛰어가다
2) 뛰어가다

3-3

▷ 이 문제는 앞에서 제시된 문제들과는 달리 주어진 차원과 관련된 낱말들을 학생 스스로 찾아 순서를 정해서 배열한 다음, 주어진 문장의 밑줄 친 낱말과 가장 비슷한 말을 찾는 문제이다.

1) · 허약한 · 약한 · 비실비실한 · 힘센
   · 건강한 · 튼튼한 · 강한 · 아주 힘센
2) · 허약한

· 약한/비실비실한
· 건강한/튼튼한
· 강한/힘센
· 아주 힘센

3) 힘센, 아주 힘센

3-4

1) 굵기의 차원
2) · 엄청나게 굵은
   · 매우 굵은
   · 굵은/굵직한
   · 가느다란
   · 무척 가는
3) 엄청나게 굵은

Ⅰ. 낱말들은 어떻게 어울리나

2. 뜻이 비슷한 말 바꾸어 넣기

▶ "앞에서 우리는 순서를 정할 수 있는 차원의 동의어에 관해서 공부를 했습니다. 즉, 뜻이 서로 비슷한 낱말들을 의미의 순서대로 배열을 해 보았지요. 그렇게 배열된 것 가운데에서 두 낱말이 가까우면 가까울수록 어떤 관계가 있었나요? (뜻이 더 비슷했습니다.)"

"이 방법은 순서를 정할 수 있는 차원의 낱말들에 대해서는 매우 효과적이었습니다. 그러나 낱말들이 모두 그처럼 순서에 따라서 간단하게 배열될 수 있는 것은 아닙니다. 그래서 오늘은 의미가 다른 몇 가지 낱말들이 동의어인지 아닌지 판단할 수 있는 새로운 방법에 대해서 배우도록 하겠습니다."

첫 번째 생각여행 16~17쪽

▶ "앞에서 배운 낱말들은 대부분 한 가지 차원의 특성을 나타내는 낱말들이었습니다. 그러나 낱말들 가운데에는 여러 가지 차원에 속하는 낱말들도 있습니다. 어떤 것들이 있는지 살펴볼까요?"

1-1

1) 크기/키/길이/무게/새끼의 수/사는 곳의 기온/수명/지능/사나움/ 꼬리의 길이/털의 부드러움/움직이는 속도
2)

▶ "여우라는 말을 들으면, 빠르다는 생각이 드나요, 아니면 느리다는 생각이 드나요? (재빠르다는 생각이 듭니다.) 재빠르다는 것은 어떤 차원에 속하지요? (속도입니다.)"

"또 여우라는 말을 들으면, 어리석다는 것이 생각납니까, 아니면 영리하다는 것이 생각납니까? (영리하다는 것입니다.) 그렇지요. 우리들은 어떤 사람을 가리켜 여우처럼 영리하다는 말을 종종 사용합니다."

"다음으로, 여우라는 말을 들으면, 털이 많다는 생각이 드나요, 아니면 털이 없다는 생각이 드나요? (털이 아주 많다는 생각이 듭니다.) 그렇습니다. 여우는 털이 아주 멋있고 많습니다. 사람들은 여우 목도리를 아주 좋아하고 가격도 비싼 편이지요. 지금 이야기한 것들을 표에 정리해 볼까요?"

생각	차원
빠르다	속도
영리하다	지능
털이 많다	털

▶ "이외에도 우리는 여우와 관련하여 여러 차원을 생각해 볼 수 있습니다. 여우는 날씬하며, 다른 동물을 잡아먹기도 하고, 속이기도 잘하고(약고), 야생의 성질을 가졌습니다. 여우라는 낱말의 의미 속에는 이와 같은 특성 하나하나가 다 포함되어 있고 이것들 각각이 서로 다른 차원에 속합니다."

3)

생각	차원
높다	높이
여러 가구가 산다	가구 수
주차장이 넓다	주차장 넓이

4) 남자/도시/운동/초등학교

두 번째 생각여행 18~19쪽

▶ "우리가 쓰는 낱말들에는 수많은 종류가 있습니다. 그런 낱말 중에서 가장 알맞은 낱말을 선택해서 정확하게 뜻을 전하는 것은 매우 중요합니다. 선택한 낱말을 조금 다른 낱말로 바꾸면 그에 따라서 전하고자 하는 의미도 조금 달라지게 됩니다. 두 번째 생각여행에서는, 주어진 낱말을 다른 낱말로 바꾸어 넣으면 뜻이 어떻게 달라지는지 살펴보겠습니다."

2-1
1) 누군가에게서 공짜로 받았다는 의미가 더 포함된다.
2) 자전거를 돈을 주고 샀다는 의미가 포함된다.
3) 자전거를 상으로 탔다는 의미가 포함된다.
4) 자전거를 사거나 빌린 것이 아니라, 어디에선가 주워서 가져왔다는 뜻이 포함된다.
5) 자전거가 자기의 것이 아니라 누군가에게서 빌려온 것이므로, 언젠가는 돌려주어야 한다는 의미가 더 포함된다.

▶ "이 낱말들은 모두 자전거가 새로 '생겼다'는 의미를 갖고 있으면서, 동시에 새로운 차원의 의미를 더 포함하고 있습니다. 즉, 우리가 어떤 낱말을 선택하느냐에 따라서 '자전거가 하나 생겼다'는 뜻 외에 매우 다른 성질이 추가될 수 있는 것이지요. 민주가 자전거를 어떻게 갖게 되었는지에 관해서, 또는 그 자전거를 계속 가질 수 있는가에 관해서 말을 다르게 할 수 있습니다."

"위에 나온 낱말 외에도 다음과 같은 낱말들을 바꾸어 넣을 수 있을 것입니다."

*가져왔다/훔쳤다/선물받았다

2-2
▶ "문제에 주어진 한 쌍의 낱말들은 의미가 거의 같기도 하지만, 정확하게 일치하지는 않습니다. 어떤 점에서 의미의 차이가 나는지 생각해 보세요."

1) 둘 다 둥근 모양의 돌이긴 하지만, '자갈'은 좀 더 크고, '조약돌'은 상당히 작은 돌이다.
2) '자동차'는 연료를 이용해서 움직이는 차의 전체 집합을 나타내고, '승용차'는 그러한 자동차의 한 종류이다.
3) 둘 다 같은 동물을 가리키지만, '돼지'는 살아 있는 상태를 말하고, '돼지고기'는 사람의 음식으로 사용될 때의 상태를 나타낸다.
4) '감옥'은 사람을 가두기 위한 것이고, '우리'는 동물을 가두기 위한 것이다.
5) '신발'은 사람들이 발을 보호하기 위해서 신는 것들의 전체를 가리키고, 그중에서 운동을 하기 위해서 신는 것이 '운동화'이다.

세 번째 생각여행 20~21쪽

▶ "우리는 어떤 두 낱말이 동의어가 되기 위해서는 같은 차원에 속하면서, 순서대로 늘어놓았을 때 서로 가까운 곳에 있어야 한다는 것을 배웠습니다. 그러나 동의어가 되기 위해서는 또 다른 조건이 필요합니다. 그것은 바로 문장 속에서 동일한 쓰임을 가져야 한다(문법적으로 동일한 기능을 가져야 한다)는 것입니다. 이 말이 무슨 뜻인지 지금부터 알아보도록 합시다."

3-1
1) · 아주 작은
   · 작은/꼬마/어린아이
   · 중간의
   · 커다란

· 거대한/거인

2) ① 꼬마

▶ "위에 배열된 낱말들을 살펴보면, '어린아이'와 어울리는 동의어에는 '작은'과 '꼬마'가 있지요. '어린아이' 대신에 '작은'을 넣으면 어떤가요? (뜻이 잘 통하지 않습니다. 말이 잘 안 됩니다.) 그렇습니다. '작은'은 어떤 사물이나 사람을 나타내는 것이 아니라 하나의 성질을 나타내는 낱말이기 때문입니다. 이와는 달리 '꼬마'라는 말을 넣으면, 뜻이 잘 통하는 문장이 됩니다."

② 어마어마한

▶ "이 문장에서는 어떤 사람을 나타내는 '거인'이라는 낱말보다는 어떤 성질을 나타내는 '어마어마한'이라는 낱말이 '거대한'이라는 낱말의 동의어가 될 수 있습니다. '거인'과 같이 어떤 사람을 가리키거나 장소, 사물 등을 가리키는 낱말을 명사라고 하며, '거대한', '어마어마한'과 같이 어떤 성질을 나타내는 낱말을 형용사라고 합니다. '거인'과 '거대한'이 서로 동의어가 될 수 없는 이유는 하나가 명사인 반면에, 다른 하나는 형용사이기 때문입니다. 어떤 두 낱말이 동의어가 되기 위해서는 한 문장 안에서 하고 있는 구실이 같아야만 합니다. 즉 동일한 품사이어야 하고, 동일한 문법적 기능을 가지지 않으면 안 됩니다."

3-2

발견하면/파악하면/알아채면

▶ "이 문제에서 '발견'이나 '관찰'이 '찾아내면'과 동의어가 될 수 없는 이유는 뜻이 다르기 때문이 아닙니다. 뜻은 비슷하지만, 문장 안에서 하는 구실이 다르기 때문에 동의어가 될 수 없는 것입니다. 이와 비슷한 문제를 하나 더 풀어 볼까요?"

3-3

맞히지 못한

▶ "지금까지 배운 것을 바탕으로, 어떤 두 낱말이 동의어인지 아닌지를 알아보는 좋은 방법을 정리하여 볼까요."

만일 어떤 두 낱말이 서로 동의어라면

① 한 문장 안에서 어느 한 낱말을 다른 낱말로 바꾸어 넣을 수 있고,
② 바뀐 문장이 그 전의 문장과 똑같은 뜻을 가져야 하며,
③ 뜻이 통하는 문장이 되어야 한다.

생각연습 22~23쪽

4-1

1) 둘 다 우리 집에 들어온 사람을 가리키지만, '침입자'는 주인의 허가를 받지 않고 들어온 사람이고, '손님'은 허가를 받고 들어온 사람으로 반가운 사람이다.
2) 우리의 코로 맡을 수 있는 것을 '냄새'라고 하는데, 그중에서 나쁜 냄새는 '악취'이다.
3) 도시 이외의 지역을 '시골'이라고 하는데, 그중에서 농사를 주로 짓는 지역을 '농촌'이라고 한다. '시골'에는 '농촌' 외에도 '산촌'이나 '어촌' 등이 포함될 수 있다.
4) '포도'는 과일의 이름인데, 그것을 말린 것이 '건포도'이다.

4-2

1) 정상
2) 방해하고 있었다
3) 음식을
4) 부서지기 쉽다
5) 덕이 많은
6) 부패하기
7) 여쭈어 보았다

Ⅰ. 낱말들은 어떻게 어울리나

3. 뜻이 반대인 말

여기에서는 동의어와 마찬가지로 반의어도 같은 차원을 나타내야 하고, 같은 품사여야 한다는 점을 중점적으로 공부한다. 동의어와 반의어의 유일한 차이는, 동의어가 같은 차원에서 아주 가깝고 비슷한 특성을 가진 반면, 반의어는 그 차원에서 가장 멀리 있고 정반대의 특성을 가진다는 점이다.

첫 번째 생각여행 24~25쪽

▷ 반대말의 조건 중에서 첫 번째 조건인 '같은 차원'에 대해서 배우게 된다. 동일한 차원에 있는 낱말들이어야 비교가 가능하고 반의어가 될 수 있다.

▶ "앞에서는 거의 같은 뜻을 가진 낱말들을 다루어 보았습니다. 이 낱말들을 우리는 무엇이라고 불렀지요? (동의어라고 불렀습니다.) 이번 시간에는, 동의어와는 달리 서로 다른 뜻을 가진 낱말들이 무엇인지 알아보려고 합니다. 뜻이 서로 반대인 말을 무엇이라고 부르는지 알고 있나요? 그런 낱말들을 우리는 '반대말' 또는 '반의어'라고 부릅니다."
〈비슷한말〉-〈반대말〉, 〈동의어〉-〈반의어〉
"어느 두 낱말의 의미(뜻)가 서로 반대라는 것은 정확하게 무엇을 말하는 것일까요? 낱말들을 어떻게 비교해야 두 낱말이 반대말이라는 것을 알 수 있을까요? 차례대로 살펴보도록 합시다. 먼저 지난 시간에 배운 동의어(비슷한 말)를 잠시 살펴보고 넘어갈까요."

1-1

1) ① 나이가 많은 ② 못사는
▶ "이제 이 두 낱말들의 반대말이 무엇인지 따져볼까요."

2) ① 젊은, 어린
"'늙은'과 '키가 작은'은 반대말인가요? (아닙니다.) '키가 작은'의 반대는 '키가 큰'이지요. 그렇다면 '늙은'의 반대말은 정확하게 무엇일까요? '늙은'은 어떤 차원을 가리키는 낱말인가요? (나이 상태를 나타내는 차원입니다.)"
　② 잘사는/부유한
▶ "먼저 '가난하다'는 어떤 차원의 낱말인지 생각해 보세요. (재산이 많고 적음의 차원입니다.)"

1-2

1) 미운

2)

	차원이 같은 낱말들	차원
눈이 작은	눈이 조그만, 눈이 큰	눈의 크기
키가 작은	단신인, 장신인, 키가 큰	키의 크기
뚱뚱한	통통한, 비만인, 날씬한, 마른	몸매
미운	못생긴, 예쁜, 잘생긴	예쁜 정도
더러운	불결한, 깨끗한, 깔끔한	청결
뜨거운	차가운, 따뜻한, 미지근한	온도

▶ "이 표를 자세히 살펴보면, '예쁜'의 반대말을 찾을 수 있을 것입니다. 문제 1)의 〈보기〉 낱말 중에서 '예쁜'과 같은 차원은 무엇인가요? ('미운'입니다.)"
"각각의 차원을 따져 보니 '미운'만이 '예쁜'의 반대말이 될 수 있다는 것을 알 수 있습니다. 같은 차원이어야만 비교가 가능하기 때문입니다. 두 낱말이 반대말이 될 수 있으려면 언제든지 그것들이 동일한 차원을 나타내어야만 합니다."
▷ 다음과 같이 칠판에 적어 준다.
〈반대말이 될 조건〉
다음과 같은 경우 두 낱말은 서로 반대말이 된다.
① 동일한 차원에 속해야 하고 서로 반대되는 의미를 갖고 있어야 한다.

두 번째 생각여행 26쪽

▷ 반대말이 되기 위한 두 번째 조건인 '동일한 품사'에 대해서 생각해 본다. 같은 차원에 속하고 뜻이 반대가 되더라도, 품사가 다르면, 즉 문법적 기능이 다르면, 엄격한 의미에서 반의어라고 할 수 없다.

2-1
1) 영희는 어제 '예쁘다 오리 새끼'라는 이야기를 읽었습니다. (말이 잘 통하지 않는다.)
2) 예쁜

▶ "우리가 동의어에 대해서 배울 때 찾아낸 규칙이 반대말에서도 그대로 적용됩니다. 두 낱말이 동의어나 반의어가 되기 위해서는 문장 안에서 하는 구실이 같아야 합니다. (동일한 문법적 기능을 가지고 있어야 합니다.) 이것이 반대말이 되기 위한 두 번째 조건입니다."

▷ 앞에서 칠판에 이미 적어 놓은 '반대말이 될 조건'에 다음과 같은 내용을 추가로 적어 넣는다.
③ 문장 안에서 하는 구실이 같아야 한다. (서로 동일한 문법적 기능을 가져야 한다.)

2-2
1) 그 산 밑에는 노인 사람들이 많이 살고 있습니다. (말이 잘 통하지 않는다.)
2) 늙은/나이가 많은

세 번째 생각여행 27~29쪽

▷ 같은 차원에 속하는 낱말들의 반의어 짝을 찾는다. '위치', '움직임' 등의 차원에서 서로 반대되는 것을 표현하는 반의어들의 집합을 찾아낸다. 이와 함께, 일반적으로 짝을 이루어서 자주 사용되는 '상대반의어'에 대해서 알아본다.

3-1

차원: 위치	반대말
위	아래
앞	뒤
높다	낮다
꼭대기	밑바닥
북쪽	남쪽
서쪽	동쪽
안쪽	바깥쪽
여기	저기
왼쪽	오른쪽
가깝다	멀다

▶ "어떤 낱말의 의미가 서로 다른 많은 차원을 나타낼 수 있듯이, 반의어 역시 여러 차원에서 서로 반대되는 것을 표현할 수 있습니다. 위의 표에 나와 있는 낱말들은 '위치'의 차원에서 서로 반대되는 것을 표현하는 반의어들의 집합입니다."

"마찬가지로, 다음 표에 나와 있는 낱말들은 '움직임(또는 힘의 방향)'의 차원에 속하는 낱말들의 집합입니다. 각각의 낱말에 대한 반의어를 생각해 볼까요?"

3-2
1)

차원: 위치	반대말
오다	가다
들어가다	나오다
찾아내다	잃어버리다
올리다	내리다
위로	아래로
앞으로	뒤로
떼어내다	붙이다
열다	닫다
밀다	당기다

2) 움직임(또는 힘의 방향)

3-3
▶ "앞에서 다룬, 방향, 위치 같은 차원의 반의어들은 이해하기 쉽지만 잘 알 수 없는 반의어들도 많이 있습니다. 반의어 집합 중에서 중요한 것으로 '상관관계'에 있는 반의어들이 있습니다. 이제부터 그것이 무엇인지 살펴보도록 할까요?"

"우리 주변에는 적어도 두 사람이나 두 가지 사물이 관계되지 않으면 뜻이 통하지 않거나 완결될 수 없는 것들이 많이 있습니다. 어느 한 사람의 행위를 나타내는 낱말이 다른 사람의 행위를 나타내는 낱말의 반의어가 되는 경우가 바로 그것입니다. 한 가지 예를 들어 보겠습니다. 여러분이 에어컨을 팔기 위해서 북극 지방으로 갔다고 합시다. 그곳에 사는 사람들은 아마도 에어컨을 사려고 하지 않을 것입니다. 추운 지방에서는 에어컨이 필요하지 않을 테니까요. 사려는 사람이 없다면 아무것도 팔 수 없겠지요. 이처럼 '팔다'와 '사다'는 서로 상대적인 관계에 있고, 우리들은 이것을 '상대반의어'라고 부릅니다. '상대'라는 말은 무언가와 짝을 이루는 것을 의미합니다. 만일 누군가가 무언가를 사 주는 행위로 상대해 주지 않는 한 우리는 아무것도 팔 수가 없는 것이지요. 다음 문장들에 나와 있는 각각의 낱말들의 '상대반의어'를 생각해 보고 적어넣어 보세요."

1) 샀을
2) 질문
3) 문제
4) 선생님

3-4

1)

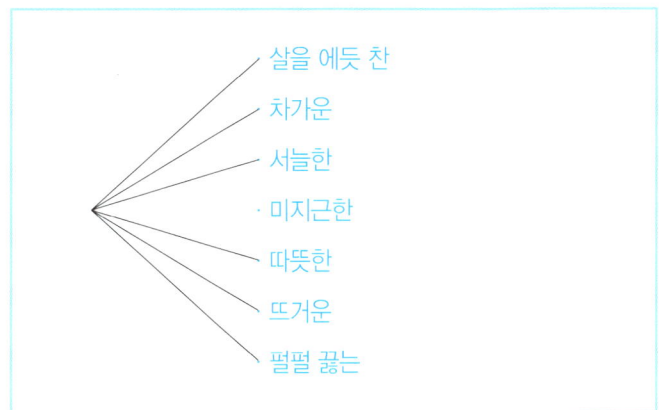

살을 에듯 찬
차가운
서늘한
미지근한
따뜻한
뜨거운
펄펄 끓는

▶ "위의 낱말들은 '열'이나 '온도'의 차원을 나타내고 있습니다. 여기에서 온도는 순서대로 배열이 가능한 차원이기도 합니다. 우리는 지난 시간에 어떤 낱말들을 순서대로 배열할 수 있을 때, 두 낱말이 동의어인지 아닌지는 배열된 두 낱말이 얼마나 가까이 놓여 있는지에 따라서 판단할 수 있음을 배웠습니다. 그러면 두 낱말이 반의어인지 아닌지 여부를 결정하기 위해서는 어떻게 해야 할까요?"

"두 낱말이 가능한 한 멀리 떨어져 있다면 반의어라고 할 수 있을까요? 꼭 그렇지만은 않다는 것을 알 수 있을 것입니다."

"배열된 낱말들 가운데에서 가장 중앙을 나타내는 낱말이 무엇인지 찾아보세요. ('미지근한'입니다.) 이제 이 낱말을 기준으로 하여 서로 반대쪽으로 같은 거리에 위치한 낱말들을 짝을 이루게 하면 가장 적절한 반의어를 찾을 수 있을 것입니다. 이것이 순서를 정할 수 있는 차원에서 반의어를 찾는 규칙입니다."

2) 온도의 차원

3)

▷ 동의어의 경우에는 가장 가까운 낱말을 찾아야 했지만, 반의어의 경우에는 정반대편에 있는 낱말을 찾아야 한다.
순서를 정할 수 있는 두 낱말은 다음과 같은 경우 서로 반의어가 된다.

① 해당되는 차원의 가운데를 중심으로 서로 반대쪽에 놓여 있어야 한다.
② 그 중앙으로부터 같은 거리만큼 떨어져 있어야 한다.

생각연습 30~31쪽

4-1

차원: 양	반대말
많은	적은
가득 찬	비어 있는
늘어난	줄어든
채우다	비우다
불어넣다	빼내다
더하다	빼다
증가하다	감소하다

4-2

1) 받을
2) 쫓고
3) 맞은

4-3

1) 선생님이 말씀하시고, 학생들은 듣는다.
2) 한쪽으로 물이 들어가고, 다른 쪽으로 물이 나온다.
3) 내가 공을 던질 테니까 네가 받으렴.

4-4

1)

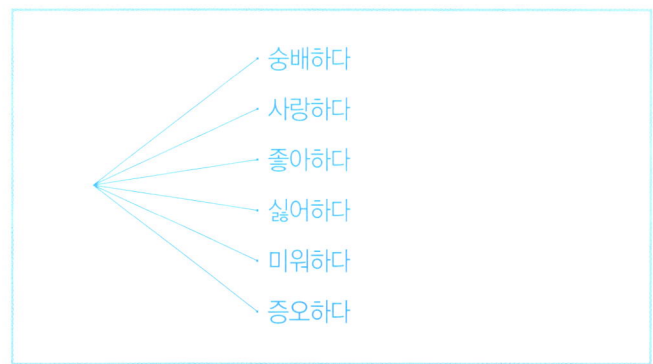

숭배하다
사랑하다
좋아하다
싫어하다
미워하다
증오하다

2) 좋아하는 정도

Ⅰ. 낱말들은 어떻게 어울리나

4. 낱말 분류하기

여기서는 낱말을 분류하는 방법에 관하여 학습하도록 구성되어 있다. 낱말을 분류한다는 것은 어떤 낱말들을 공통되는 의미를 기준으로 무리를 짓는 일을 가리킨다. 이를 위해서는 각각의 낱말들이 갖는 의미를 알아야 할 뿐만 아니라, 문제의 낱말 모임이 무엇을 공통적으로 갖고 있는지에 대해서도 알아야 한다.

▷ 낱말들을 제대로 분류하기 위해서는 첫째, 낱말들의 모임이 속한 집합이 어떤 것인가를 확인해야 하고, 둘째, 낱말들 중에서 그 집합에 속하지 않는 것을 찾아낼 수 있어야 한다.

첫 번째 생각여행 32~34쪽

▶ "우리는 지난 시간까지 낱말들이 갖고 있는 두 가지 관계에 관하여 공부했습니다. 낱말들의 두 가지 관계는 무엇이었지요? (동의어와 반의어였습니다.)"

"오늘은 동의어나 반의어처럼 두 낱말 사이의 관계를 다루는 것이 아니라, 여러 개의 낱말 사이의 관계를 다루어 보려고 합니다. 이것을 '낱말의 분류'라고 부르겠습니다."

"여러분은 이미 '집합'이 무엇인지 배운 적이 있지요. 집합이란 무엇을 말하나요? (중요한 특성—본질적인 특성—을 공통적으로 갖고 있는 것들의 모임입니다.) 여기서 중요한 특성이란 어떤 집합의 원소가 꼭 가지고 있어야 할 성질을 가리킵니다."

"이번에는 '분류'란 무엇을 가리키는지 말해 볼까요? (어떤 것을 공통된 특성에 따라 집합으로 모으는 일을 가리킵니다.)"

"그렇다면, 낱말을 분류하려고 할 때 어떻게 해야 할지 짐작이 되지요? (중요한 의미를 공통적으로 갖는 낱말들을 함께 집합으로 모으면 될 것 같습니다.)"

1-1

1) 색깔

▶ "여기서 우리가 해야 할 일은 다섯 개의 낱말 모두가 속하는 집합을 찾아내는 것입니다. 이것들은 모두 어떤 점에서 공통적인가요? (색깔의 이름들입니다.) 그러면 집합의 이름에 '색깔'이라고 적어 넣으면 되겠군요. 나머지 것들도 같은 방식으로 주어진 낱말들이 모두 공통적으로 갖는 특성이 무엇인지 찾아내고 그것들이 속하는 집합의 이름을 붙여 보세요."

2) 학용품
3) 악기
4) 운동
5) (공을 갖고 하는) 운동
6) 동물/가축
7) 동물의 새끼

▶ "다음에 주어진 문제들은 방금 한 것보다 약간 까다로운 것들입니다. 다섯 개의 낱말들 가운데에서 네 개의 낱말이 속한 집합에 속하지 않는 낱말이 하나씩 있습니다. 그것을 찾아내고, 네 개의 낱말이 속한 집합의 이름도 적어 넣으세요."

1-2

1) 행주/사람이 몸에 착용하는 것

▶ "이 중에서 다른 것들과 같은 집합에 속하지 않는 것은 무엇이라고 생각합니까? (행주입니다.) 그것이 집합에 속하지 않는 이유는 무엇이지요? (나머지는 모두 사람들이 몸에 입거나, 신거나, 쓰거나 하면서 착용하는 것들인데, 행주는 부엌에서 물기를 닦는 데 쓰는 것이기 때문입니다.) 그렇습니다. 이제 나머지 것들이 속하는 집합의 이름을 적어 넣으세요. 계속해서 나머지 문제들도 같은 방식으로 해결해 보세요."

2) 달걀/식품으로 사용하는 야채, 식물성 식품

▷ 여기에 제시된 것들은 모두 '식품'이라는 이름의 집합에 포함될 수 있다. 그러나 더 세분된 집합인 '식물성 식품'에는 '달걀'이 포함될 수 없다.

3) 우유/곡식
4) 발/얼굴에 붙어 있는 신체 기관

▷ 여기에 제시된 것들은 모두 '신체 기관'이라는 이름의 집합

에 속할 수 있다. 그러나 그 집합의 하위집합으로 세분할 경우, '발'은 다른 것들이 속하는 집합으로부터 배제된다.
5) 자전거/연료의 힘으로 움직이는 교통수단

두 번째 생각여행 35~36쪽

▶ "앞에서 우리는 '집합'이란 어떤 특성을 함께 가지고 있는 것(원소)들의 모임이라고 했습니다. 그런데 우리는 원소들이 어떻게 분류되었는가를 알게 되면, 그것으로부터 낯선 원소의 의미에 대해서도 추리를 할 수 있습니다. 이제부터 그것이 어떻게 가능한지 알아보도록 합시다."

2-1
1) 강의 이름

▶ "여러분은 '양쯔'가 무엇인지 알고 있나요? 알고 있는 사람도 있지만, 대부분 잘 모를 것입니다. 하지만 여기에 나온 것들이 모두 같은 집합에 속하는 것이라면, 여러분은 '양쯔'가 무엇인지 대충 추리할 수 있을 것입니다. 나머지는 모두 강의 이름이니까 '양쯔'도 강의 이름을 나타낸다는 것을 추리할 수 있는 것이지요. '양쯔'는 중국 남부에 있는 큰 강의 이름입니다. 이런 방식으로 다음에 주어지는 것 중에서 우리가 모르는 것이 끼어 있더라도, 이미 알고 있는 것들로부터 집합의 이름이 무엇인지 추리해 보기 바랍니다."

2) 동물의 이름
3) 사람들이 걸리는 병의 이름
4) 지구상의 깊이 패인 곳
5) 별자리

▶ "이 문제에서 마지막에 나오는 밑줄 친 낱말들은 좀 낯선 낱말들이지요? 아마도 이 낱말들을 처음 들어 본 학생들도 있을 것입니다. 이제 다음에 설명되어 있는 문장들 중에서 어느 것이 그 밑줄 친 낱말을 가리키는지 찾아보도록 하세요. 전에 그러한 낱말을 들어 보거나 안 적이 없더라도, 이미 그 낱말이 속한 집합의 이름을 알기 때문에 여러분은 쉽게 찾아낼 수 있을 것입니다."

2-2
1) 쿠루병

2) 마리아나해구
3) 페가수스자리
4) 오리너구리
5) 양쯔

생각연습 37~41쪽

3-1
1) 사람이 사는 집
2) 들꽃

3-2
1) 영화/학교 교과
2) 벚나무/늘푸른나무, 침엽수

3-3
1) 자동차의 부품
2) 별
3) 자연에서 얻는 것
4) 천연자원
5) 대륙의 이름

3-4
1) 아틀란티스
2) 다이아몬드
3) 켄타우루스자리 알파별
4) 차동 장치
5) 셸락

3-5
1) 무게의 단위
2) 새
3) 과학자
4) 야생동물

3-6
1) 치타
2) 캐럿

3) 타조
4) 노벨

② 새끼를 낳아 젖을 먹이는 동물(포유류)
③ 말, 양, 염소
2) ① 방석
② 사람이 몸에 걸치는 도구나 장식물
③ 모자, 양말, 팔찌, 안경, 목걸이

3-7
1) ① 닭

I. 낱말들은 어떻게 어울리나

5. 모든 사물에 각각 다른 이름을 붙인다면

여기에서는 낱말과 집합 사이의 관계를 소개하고 있으며, 특히 거의 모든 낱말이 일정한 '집합'의 이름으로 간주될 수 있다는 점을 강조하고 있다. 〈슬기의 방〉이라는 이야기를 통해서, 방에 있는 모든 사물에 각기 다른 이름을 붙이려는 슬기의 시도를 비판적으로 검토해 봄으로써 낱말과 집합 사이의 기본적인 관계가 무엇인지 이해하도록 구성되었다.

첫 번째 생각여행 42~43쪽

▷ 여기서는 '연필'이라는 이름의 집합 속에 모양과 색깔이 다른 다양한 연필들이 포함될 수 있다는 것을 보여 줌으로써, 낱말과 집합의 관계를 파악해 보게 하는 데에 주된 목적이 있다.

▶ "지난 시간에 우리는 낱말들을 그 의미에 따라서 분류하는 활동을 해 보았습니다. 이번 시간에는 낱말과 집합 사이의 관계에 관해 공부하겠습니다."

1-1
▶ "여러분들은 각자가 갖고 있는 연필들의 특징을 말해 볼 수 있나요? 그 연필들은 서로 비슷해 보이지만 자세히 살펴 보면 조금씩 다른 면이 있습니다. 그 다른 점을 찾아서 말해 보세요."
▷ 돌아가면서 각자 갖고 있는 연필의 특징을 설명해 보게 하고, 그것을 순서대로 적어 보게 한다. 다음은 그 예이다.

길고 날카롭다.
짧고 뭉툭하다.
동물이 그려져 있다.
지우개가 달려 있다.

▶ "여러분 각자 갖고 있는 연필이 조금씩 차이가 있는데도 불구하고, 그것들을 모두 '연필'이라고 부르는 까닭은 무엇인가요? (모양과 색깔은 다르지만, 모두 글씨를 쓰는 데 쓰이는 것으로서, 끝에 가늘고 까만 심이 들어 있기 때문입니다.)"
"그 연필들이 서로 조금씩 다르지만, 우리가 연필이라고 부르는 이유는, 그것들이 연필이라고 불리기에 알맞은 '공통된 특성'(또는 본질적 특성)을 갖고 있기 때문입니다. 연필이라는 낱말은 그와 같은 본질적 특성을 갖고 있는 모든 원소들의 모임에 적용됩니다. 지난 시간에 우리는 어떤 본질적 특성을 공통적으로 갖고 있는 원소들의 모임을 무엇이라고 했지요? (집합이라고 했습니다.)"
"그러므로 연필이라는 낱말은 어떤 원소들의 집합이라고 할 수 있는 것입니다. 모든 낱말들이 이와 같을까요? 다른 경우도 있을까요?"

1-2
책상, 의자, 공책, 창문, 가방, 옷

1-3
▶ "여러분들은 지금 의자에 '앉아 있다'고 할 수 있습니다. 여러분은 각각 어떻게 앉아 있나요? 앉아 있는 사람, 자세, 태도 등의 차이에도 불구하고 어떻게 모두를 '앉아 있다'고 말할 수 있는지 그 이유를 생각해 보세요. '앉아 있다'고 했을 때, 그 말이 뜻하는 것은 무엇인가요? 우리는 누가 어떻게 하고 있는지 상관 없이 엉덩이에 몸무게를 싣고 있을 때, '앉아 있다'고 말합니다. 이것은 곧 '앉아 있다'는 낱말이 어떤

본질적 특성에 의해서 규정된 행동들의 전체 집합을 가리키고 있음을 의미합니다. 그러나 우리 주변에는 여러 원소들로 이루어진 집합에 속하지 않는 낱말들도 많이 있습니다."

▷ '고유명사'는 하나의 특별한 사람, 장소, 사물만을 나타내기 때문에, 여러 가지 원소들의 집합 이름들과는 다르다. 이러한 고유명사는 우리가 정확하게 의사소통을 할 수 있도록 도와주기 때문에 유용하다.

1) {가방, 앉아 있다, 집, 선생님, 작다, 지하철, 스포츠}

▶ "여러 원소들의 집합을 나타내지 않고, 하나의 특별한 것을 나타내는 낱말을 '고유명사'라고 합니다. 고유명사는 우리가 정확한 의사소통을 할 수 있도록 도와주는 낱말이기 때문에 중요합니다. 내가 그저 '사람'이라고 말하면 사람의 전체 집합에 속하는 한 사람을 알고 있다는 것을 드러내는 것이지만, '박찬호 선수'라고 말하면 내가 말하고 있는 사람이 구체적으로 누구인지 정확하게 드러나는 것입니다. 위에서 그런 낱말들이 어떤 것인지 찾아보세요."

2) {청와대, 한강, 일본, 서울, 롯데월드, 박찬호}

두 번째 생각여행 44~48쪽

▷ 다음 이야기는 중심인물인 슬기가 자기 방에 있는 하나하나의 대상에 각기 다른 이름을 붙임으로써 낱말과 집합 사이의 관계를 파악해 나가는 과정을 예시해 주고 있다.

2-1

▶ "다음 이야기에는 슬기라는 여자아이가 등장합니다. 슬기는 주변의 사물들을 집합으로 생각하는 것을 거부하고 있습니다. 〈슬기의 방〉을 읽어 보고 어떤 일이 벌어지고 있는지 살펴보세요."

1) 이 세상에 있는 모든 것은 이름을 갖고 있고, 서로 다른 것은 각기 다른 이름을 갖고 있다는 것

▷ 나중에 드러나게 되겠지만, 이러한 슬기의 이해는 부분적으로는 맞지만, 틀린 이해이다.

▶ "여러분은 슬기가 생각하는 '말의 원리'가 옳다고 생각하나요? 세상에 있는 모든 것은 이름을 갖고 있고, 서로 다른 것들은 서로 다른 이름을 갖고 있나요?"

2) 슬기는 전에 먹었던 주스(오렌지주스)만을 생각하고 있지만, 엄마는 그것을 포함한 모든 주스(여기서는 사과주스)를 생각하고 있다.

3) 아주 많은 것들을 서로 구분하지도 않고 같은 이름으로 부르는 것

4) 의미 없는 일이다. 한 가지로 묶어서 말할 수 있는 것, 즉 한 집합에 속하는 것들을 그렇게 따로따로 이름을 붙이는 것은 불필요하고, 불편하고, 비효율적이다.

5) 슬기가 엉뚱한 말을 하고 있기 때문에

6) 자기가 생각하고 있는 방과 똑같은 방을 찾고자 했으나 그 어디에도 그런 방은 없었기 때문에

2-2

1) 방에 있는 나머지 세 벽

2) 어떤 두 사물이 서로 다른 것일지라도 같은 이름을 가질 수 있다는 점. 서로 다른 것들을 공통된 특성에 따라서 하나의 '집합'으로 분류할 수 있고, 동일한 집합에 속하는 모든 것에 대해서 동일한 이름을 사용한다는 것.

생각연습 48~49쪽

3-1

1) {꽁치, 고등어, 참치, 명태, 붕어, 숭어}
2) {동화책, 잡지, 교과서, 사전, 만화책}
3) {아기똥, 강아지똥, 파리똥, 소똥, 돼지똥, 닭똥}
4) {진돗개, 풍산개, 삽살개, 푸들, 셰퍼드}
5) '경기도'는 고유명사이기 때문에 원소를 나열할 수 없다.

3-2

1) {신발, 시계, 반찬, 채소, 나무, 꽃, 자동차, 집, 길, 나비}
2) {박세리, 김대중 대통령, 조선일보, 낙성대, 서울대학교, 어린이철학교육연구소, 경복궁, 서울시청, 미국, 일본}

▶ "대부분의 낱말들은 사물의 집합을 가리킵니다. 그리고 어떤 집합에 속해 있는 특정한 원소를 가리키려면 그것의 특성, 즉 그것이 어떻게 보이는지, 누구의 것인지, 어디에 있는지 등을 설명하면 됩니다. 어떤 집합 내의 특정 원소를 가리키는 또 다른 방식은 그 대상에게 그것 나름대로의 이름, 즉 고유명사를 붙여 주는 것입니다. 그러나 우리가 〈슬기의 방〉 이야기에서 알 수 있었듯이, 만일 모든 집합 내의 모든 원소들이 각자 독특한 이름을 갖게 된다면 사람들 사이의 의사소통은 아주 어려워질 것입니다."

Ⅰ. 낱말들은 어떻게 어울리나

6. 낱말들의 유비 관계

여기에서는 유비의 논리가 언어의 영역에 어떻게 적용되는가를 알아보게 된다. 1, 2단계에서 도형(그림)의 유비에 대해서 학습한 것이 언어의 경우에도 구조적으로 동일하게 적용된다는 것을 알게 될 것이다

▷ 언어적 유비는 우리가 선택한 차원에 따라서 낱말들의 의미를 연관시키고 있기 때문에, 우리의 감정 표현이나 특정 대상의 설명을 정확하게 하기 위해서 필요할 뿐만 아니라 언어를 좀 더 생생하고 설득력 있게 만드는 데에도 아주 중요한 구실을 한다.

▶ "낱말들은 사물을 나타내고 있고, 낱말의 관련 방식은 사물이 관련되어 있는 방식만큼이나 다양하고 많습니다. 우리는 지금까지 동의어, 반의어, 낱말의 집합 등을 공부했습니다. 이것들은 낱말의 관련 방식을 나타냅니다. 이제부터 배울 '유비'도 낱말의 관련 방식 중의 하나입니다."

"여러분은 전에 배운 바 있는 '유비'라는 낱말을 기억하나요? 유비라는 것은 반복되어 나타나는 어떤 관계를 가리킵니다. 전에는 그림이나 기호를 가지고 유비 관계를 따져 보았지만, 이제부터는 낱말을 가지고 유비 관계를 따져 보려고 합니다. 다루는 방법에 있어서는 차이가 있을지 몰라도 그 원리는 동일합니다."

첫 번째 생각여행 50~51쪽

1-1
1) 새끼와 어미의 관계
2) 새끼와 어미의 관계
3) 강아지, 개

▶ "이 유비에서 반복되고 있는 관계는 새끼와 어미의 관계이고, 동물의 종류에서만 차이가 있습니다."

1-2
1) 서로 다른 동물의 종류
2) 서로 다른 동물의 종류
3) 말, 개

▷ 앞에서 다룬 두 문제에서 볼 수 있듯이, 잘 짜여진 유비는 양방향적으로 작용될 수 있어야 하며, 수평적, 수직적으로도 유비의 관계가 성립되어야 한다.

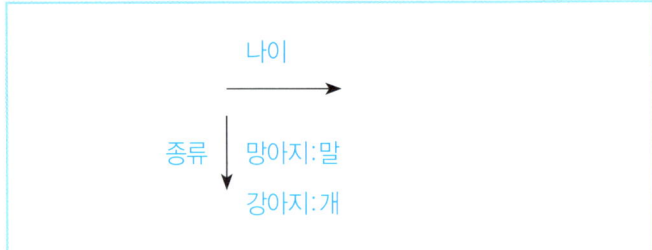

▶ "좋은 유비는 수평 방향, 수직 방향 즉 두 방향으로 작용해야만 합니다. 이 점에 비추어 볼 때, 지금 살펴본 유비는 그 구조가 잘 짜여진 것임을 알 수 있습니다."

1-3
1) 시/어떤 집단과 그 집단의 우두머리
2) 병아리/어떤 동물과 그 동물의 새끼
3) 나무/특정한 물질과 그 물질을 자르는 도구
4) 칠판/필기도구와 그것을 가지고 쓰는 곳
5) 할머니/남자와 여자 또는 부부
6) 장갑/신체의 일부분과 그것을 감싸는 것
7) 바다, 강/교통수단과 그것이 운행되는 곳

두 번째 생각여행 52~53쪽

▷ 언어적 유비는 감정의 표현이나 특정 대상을 설명하는 데 아주 유용한 것이다. 언어적 유비를 생각해 내고, 그것을 해석해 내는 능력은 아주 중요한 언어 기능이다. 다음에서는 은유적 문장 속에 포함되어 있는 유비를 찾아내는 연습을 하게 된다.

2-1

1) 몸/신체

▶ "대통령과 국가의 관계는 무엇인가요? (우두머리와 그가 속한 집단의 관계.)"

"대통령을 머리라고 한다면, 국가는 무엇에 해당한다고 말할 수 있나요? (머리를 우두머리로 하는 집단, 즉 '몸'에 해당한다.)"

"우리 몸에 있는 머리는 몸을 이끌어 가는 역할을 합니다. 이 문장이 전달하려고 하는 유비는, 머리가 우리의 몸을 이끌어 가듯이, 대통령은 국가를 이끌어 간다는 것을 나타냅니다."

"이처럼 문장 안에서 사용된 유비를 '은유'라고 부릅니다. 은유라는 것은 '~같이'라든지 '~처럼'과 같은 낱말을 사용하지 않고 두 대상 사이의 유비를 표현하는 비유법입니다. 일반적으로 어떤 것을 의미하는 한 낱말이나 구절이 전혀 다른 것을 표현하기 위해서 사용된다면, 그것은 은유입니다."

2) 백성, 국민
3) 자식
4) 몸(신체)
5) 주인

2-2

▶ 앞에서는 명사의 유비를 살펴보았는데, 여기서는 동사에 암시적으로 들어 있는 의미를 통하여 주어가 무엇에 비유되고 있는지 알아봄으로써, 문장 속에 포함되어 있는 유비를 찾아내는 활동을 하게 된다.

1) 물처럼, 물/비처럼, 비
2) 야수처럼, 야수
3) 작은 물건처럼, 물건
4) 얼음처럼, 얼음/눈처럼, 눈
5) 종이처럼, 종이

생각연습 54~55쪽

3-1

① 다리 ② 식물:물, 양분

▷ 이 밖에도 여러 가지가 가능하다. 자동차:기름, 닭:사료, 토끼:풀, 강아지:개밥 등.

3-2

① 하루 ② 돈 ③ 싸움, 전쟁 ④ 집안

3-3

① 별, 빛 ② 몽둥이, 채찍 ③ 담요, 이불 ④ 안내자

II. 글의 의미를 결정하는 것

7. 뜻이 통하는 문장

앞에서는 주로 낱말의 의미에 초점이 맞추어졌는데 반하여, 여기서부터는 낱말들 또는 문장들 사이의 관계에 따라서 의미가 어떻게 달라지는지에 초점이 맞추어져 있다.

첫 번째 생각여행 58~59쪽

▷ 낱말들을 배열하여 꼭 맞는 문장을 만드는 연습을 하게 된다. 학생들은 이러한 활동을 통해서 문장의 의미가 낱말들의 배열 순서에 의존한다는 점을 인식하게 될 것이다.

▶ "무엇인가를 생각하는 일은 말하기와 쓰기에서 특히 중요합니다. 다른 사람들과 효과적으로 의사소통을 하기 위해서는 올바른 낱말들을 사용하고, 그 낱말들을 뜻이 통하도록 배열하여야만 합니다. 다음에 주어지는 낱말들을 가지고 뜻이 통하는 문장을 만드는 연습을 하여 볼까요?"

1-1

▶ "여기에서 주어진 낱말들은 한 문장을 만들 수 있는 네 개의 낱말입니다. 문장을 만들어 볼까요? '멍멍이가 동수의 밥을 먹어 버렸다.' 이 문장은 뜻이 통하나요? (통합니다.) 그

러면 '동수가 멍멍이의 밥을 먹어 버렸다.'는 뜻이 통하나요? (좀 이상한 문장입니다.) 계속해서 똑같은 낱말을 사용하여 여러 가지 문장을 모두 만들어 보세요. 그리고 그중에서 뜻이 통하는 문장을 가려내어 보세요."

동수의 밥을 멍멍이가 먹어 버렸다. (O)
동수가 멍멍이의 밥을 먹어 버렸다. (X)
멍멍이가 동수의 밥을 먹어 버렸다. (O)
멍멍이의 밥이 동수를 먹어 버렸다. (X)
동수의 멍멍이가 밥을 먹어 버렸다. (O)
멍멍이의 동수가 밥을 먹어 버렸다. (X)
밥이 멍멍이의 동수를 먹어 버렸다. (X)

▶ "이 각각의 문장들은 모두 '같은' 낱말들을 사용하고 있지만, 서로 다른 '의미'를 갖습니다. 그리고 그중에는 뜻이 통하는 문장도 있고, 그렇지 않은 문장도 있습니다."

1-2

▶ "뜻이 통하는 문장을 만들되, 주어진 낱말들을 모두 사용하여야 합니다."

1) 개가 고양이의 음식을 먹었다.
   고양이의 음식을 개가 먹었다.
   고양이가 개의 음식을 먹었다.
   개의 음식을 고양이가 먹었다.

2) 할머니는 아이들에게 두 가지의 무서운 이야기를 해 주셨다.
   할머니는 두 가지의 무서운 이야기를 아이들에게 해 주셨다.
   무서운 할머니는 아이들에게 두 가지의 이야기를 해 주셨다.

3) 비가 너무 많이 와서 야구 경기가 취소되었다.
   야구 경기가 비가 너무 많이 와서 취소되었다.

4) 민철이는 그 가방을 차서 그의 발가락을 다쳤다.
   민철이는 그의 가방을 차서 그 발가락을 다쳤다.

▷ 낱말의 순서가 문장의 의미에서 중요하듯이, 문장을 배열하는 순서에 따라서 단락의 의미가 달라질 수 있다는 점을 배우게 된다.

두 번째 생각여행 60쪽

▶ "낱말의 순서가 어떤 문장의 의미에서 매우 중요하듯이, 우리가 문장을 배열하는 순서 역시 한 단락의 의미에 있어서 매우 중요합니다. 어떤 생각을 표현하는 일은 문장의 순서에 달려 있습니다. 다음에 주어지는 문장들을 가지고 연습을 하여 볼까요?"

2-1

③ → ① → ④ → ②

▶ "주어진 순서대로 문장을 읽으면, 노마는 양말을 신고 나서 운동화를 신고, 그런 다음 발을 씻고 운동화를 꺼냈다는 것이 됩니다. 이렇게 하면 이야기가 자연스러운가요? (아닙니다.) 이야기의 뜻이 통하게 하려면 어떻게 하여야 하나요? (문장들을 다시 배열합니다.)"

"문장을 다시 배열하기 위해서는 논리적으로 어떤 행위가 다른 행위의 앞에 와야 하는지를 생각해 보아야 합니다."

2-2

② → ⑤ → ③ → ① → ④

▶ "위의 문장들을 배열하기 위한 한 가지 좋은 방법은 어떤 문장이 처음에 올 수 있고, 또 어떤 것이 그렇지 못한가를 결정하는 일입니다. '① 글자나 문장이 잘못된 곳을 고친다'가 글을 쓰는 첫 단계가 될 수 있을까요? (이미 써 놓은 것이 있어야 하기 때문에, 이 문장은 첫 단계가 될 수 없습니다.)"

"'③ 글을 쓴다. 컴퓨터에 입력한다'는 첫 단계가 될 수 있을까요? (아닙니다. 글을 쓰기 전에 어떤 주제에 관하여 쓸 것인가를 결정해야 하기 때문에, 첫 단계가 될 수 없습니다.) 그렇습니다. 글을 쓰기 위한 첫 번째 단계는 '주제를 정하는 일'입니다. 그러므로 '② 쓰려고 하는 주제를 정한다'가 첫 번째에 와야 합니다. 계속해서 이런 식으로 문장의 순서를 정하여 봅시다."

"이어지는 행위나 생각에는 의미 있는(논리적인) 순서가 오직 하나만 있기 마련입니다. 문장의 순서나 생각의 순서는 하나의 글이 어떤 의미를 갖는가를 결정하는 가장 중요한 것입니다."

생각연습 61~63쪽

3-1

1) 멋진 비행기가 파란 하늘을 아주 빠르게 날아간다.
   파란 비행기가 아주 멋진 하늘을 빠르게 날아간다.

2) 철수와 민주는 고구마를 모닥불에 맛있게 구워 먹었다.

민주는 철수와 모닥불에 고구마를 맛있게 구워 먹었다.

3-2

1) 개구리는 작은 벌레를 많이 잡아먹었다.
   작은 개구리는 벌레를 노려보고 있었다.
2) 빨간 자동차가 빠르게 달리다가 갑자기 멈추었다.
   자동차가 빠르게 달리는데 빨간 불이 켜졌다.

▶ "다음의 문제들을 살펴볼까요? 앞에서 다룬 문제들처럼 이 문장들을 배열하여 뜻이 통하게 하려고 합니다. 이전의 문제에서는 우리가 해당 사건이나 단계 사이의 논리적인 관계에 의존하여 문장을 배열할 수 있었습니다. 그러나 지금 배열하려는 문장들은 그렇게 나타난 사건만으로는 충분하지 않습니다. 올바른 순서를 발견하기 위해서는 각각의 낱말에 주의를 기울여야 합니다. 그 낱말들 속에서 단서를 찾아내야 할 테니까요."

3-3

④ → ① → ③ → ②

▶ "이처럼 문장을 올바르게 배열하는 간단한 과정을 통하여, 우리는 혼란스러운 나열에 불과했던 문장들을 의미가 통하도록 만드는 일에 성공했습니다. '그런데'라든지, '이와 같은', '더구나' 등과 같은 표현들이 우리에게 어떻게 도움을 주는지 주목하세요. 이런 것들을 접속어라고 하는데, 이것은 한 문장 내의 생각들을 다른 문장 내의 생각들과 '접속'시켜 주는 역할을 합니다."

3-4

② → ④ → ① → ③

▶ "여기에서는 문장 속에서 사용되고 있는 지시어(그, 그것, 이것 등)가 무엇을 지시하고 있는지에 주목해야 합니다. 지시어는 한 문장 속에 포함되어 있는 생각들의 관계가 어떠한가를 이해하는 데에 매우 중요합니다."

Ⅱ. 글의 의미를 결정하는 것

8. 문장과 단락 ①

여기서는 '단락의 의미'에 대해서 공부하게 된다. 문장들을 원래의 형태로 재배열하면서 단락의 성격과 구조를 이해하고, 글이 다루고 있는 중심생각의 변화를 통해서 단락을 구분하는 연습을 하게 된다.

▶ "지난 시간에 배웠듯이, 문장들을 다시 배열할 때 사용되는 접속어(그러나, 반면에, 그런데, 이와 같은)나 지시어(이것들, 그것)를 잘 살펴보면, 단락의 성격이나 구조를 이해할 수 있게 됩니다. 오늘은 흩어져 있는 문장들을 다시 배열하여 꼭 맞는 글이 되도록 만드는 연습을 하게 됩니다. 이때 특정한 주제에 관한 문장들의 모임을 찾아내고, 그 모임 안에서 문장들을 다시 배열해 봄으로써 전체적으로 의미가 통하는 글이 되도록 만들어야 합니다."

첫 번째 생각여행 64~68쪽

▷ 흩어져 있는 문장들을 그 문장들 속에 들어 있는 단서를 통해서 재배열하는 활동을 한다.

1-1

▷ 코르크판을 준비해서 오린 문장들을 압정으로 순서대로 고정시켜도 좋을 것이다.

▶ "가위로 오린 문장들을 자세히 읽어 봅시다. 이제 여러분이 할 일은 그 문장들을 올바른 순서대로 배열하는 것입니다."

1) 문장 6, 문장 3

▶ "〈문장 1〉에 나오는 '이 밸브가 열리면'을 단서로 밸브를 소개하는 문장을 찾아야 합니다. 이 문장이 앞에 나와야 하니까요. 그것은 어떤 문장인가요? (〈문장 6〉입니다.)"

"이번에는 〈문장 1〉의 뒷부분에는 '바닷물이 탱크 속으로 밀려들어가'라는 말이 나옵니다. 이 문장에 어울리게 이어지는 문장은 무엇인가요? (탱크가 물로 채워진다는 내용은 〈문장 3〉입니다. 따라서 이것이 이어져야 합니다.)"

2) 문장 2, 문장 11, 문장 6, 문장 3

▷ 〈문장 6〉에는 '이와 같은 탱크'라는 말이 나온다. 탱크에 관하여 설명하는 문장은 〈문장 11〉이다. 〈문장 11〉에는 '그 설계'에 관하여 말하고 있다. 설계에 관하여 설명하는 문장은 〈문장 2〉이다.

3) 잠수함이 어떻게 물속으로 잠수하는가에 관한 설명

1-2

1) 잠수함의 쓸모. 평화시의 쓸모를 말한다.

2) 문장 12, 문장 8, 문장 4

▷ 〈문장 12〉는 잠수함의 일반적인 쓸모를 말하고, 〈문장 4〉는 평화시의 쓸모를 다루므로 〈문장 12〉가 먼저 와야 한다. 〈문장 8〉이 먼저 전쟁시의 잠수함의 쓸모를 말하고 있으므로 〈문장 4〉 앞에 와야 한다.

1-3

1) 문장 5, 7, 9, 10은 잠수함이 어떻게 물 표면으로 떠오를 수 있는가를 설명한다.

2) 문장 9, 문장 7, 문장 5, 문장 10

두 번째 생각여행 68~69쪽

2-1

1) 답 생략

2) 답 생략

3) · 단락은 어떤 하나의 중심생각과 관련된 '문장들의 모임'이다.
· 단락의 각 문장은 그 단락의 '중심생각'을 자세하게 전개하고 그것을 분명히 한다.
· 단락들은 전체 글의 주제와 관련된 내용을 서로 다른 측면에서 진술한다.
· 읽는 이는 '단락의 순서'를 통해서 글의 중심생각을 글쓴이가 의도한 대로 서로 연결해서 이해할 수 있게 된다.

▶ "어떤 단락이든 첫 문장은 새로운 줄로 시작하되, 일반적으로 첫 글자를 한 칸 들여서 씁니다. 단락은 단 하나의 생각을 다루는 문장들의 모임으로 이루어져 있는데, 그 내용은 그 글의 주제와 관련된 서로 다른 면들을 다루고 있습니다. 다시 말하여, 단락은 중심생각을 소개하거나 요약하는 하나의 주제문장을 갖고 있습니다. 따라서 단락의 구조를 명확히 이해하지 못한다면 글을 읽거나 쓰는 데에 많은 장애가 따르게 됩니다."

4)

▶ "자, 이제 우리는 세 개로 이루어진 문장 모임을 갖게 되었습니다. 이 세 개의 문장 모임은 모두 잠수함에 대하여 말하고 있습니다. 그러나 각각의 문장 모임은 잠수함에 대해서 약간씩 다른 측면을 설명하고 있습니다. 문장 2, 11, 6, 1, 3으로 이루어진 문장 모임은 잠수함의 어떤 기능이나 측면을 말하고 있나요? (잠수함의 설계와 잠수함이 어떻게 물에 잠길 수 있는가에 대하여 말하고 있습니다.)"

"문장 9, 7, 5, 10으로 이루어진 문장의 모임은 어떻습니까? (잠수함이 어떻게 물 표면으로 떠오를 수 있는가에 관한 설명입니다.) 즉 잠수함의 설계에 의해 그것이 어떻게 다시 떠오를 수 있는가를 말해 주고 있지요."

"문장 12, 8, 4의 모임은 무엇을 다루고 있나요? (이것들은 전쟁시와 평화시에 잠수함이 어떻게 쓰이는가를 다루고 있습니다.)"

"이 세 개의 문장 모임이 다루고 있는 주제를 알아보았습니다. 이제 이 세 그룹이 어떤 순서로 배열되어야 할지 생각해 보아야겠군요."

단락	문장 모임(문장의 순서)
첫째 단락	12, 8, 4
둘째 단락	2, 11, 6, 1, 3
셋째 단락	9, 7, 5, 10

5)

글의 제목	단락	중심생각
잠수함	단락1	잠수함은 왜 쓸모가 있는가
	단락2	잠수함은 어떻게 잠수하는가
	단락3	잠수함은 어떻게 다시 떠오르는가

▶ "잠수에 관한 문장의 모임(2, 11, 6, 1, 3)이 잠수함이 떠오르는 일에 관한 문장의 모임(9, 7, 5, 10)의 앞에 와야 합니다. 그리고 잠수함은 왜 쓸모가 있는가에 관한 문장의 모임(12, 8, 4)은 글의 맨 앞에 놓아야 할 것입니다. 왜냐하면 이 문장들의 모임에서는 잠수함이 무엇이며 왜 그것이 쓸모 있는지를 밝히고 있기 때문입니다. 즉, 잠수함에 대한 일반적인 주제를 소개하고 있습니다."

"이렇게 세 개로 이루어진 문장 모임의 순서를 결정한 후, 완전하게 배열된 글을 읽어 보고 그 뜻이 통하는지 검토해 보세요. 그리고 원래의 흩어진 형태의 글과 올바르게 다시 배열한 형태의 글을 비교하여 보세요. 우리의 노력이 얼마나 값진 것이었는지 느낄 수 있을 것입니다."

생각연습 70~73쪽

3-1
1)

	문장모임
그룹 1	1, 2, 9
그룹 2	3, 5, 7, 11, 12
그룹 3	4, 6, 10, 8

2)

	문장의 순서
단락 1	11 → 12 → 3 → 7 → 5
단락 2	1 → 9 → 2
단락 3	10 → 4 → 6 → 8

▶ "낱말들의 순서가 한 문장의 의미에 영향을 주고, 문장들의 순서가 한 단락의 의미에 영향을 주듯이, 단락들의 순서 또한 하나의 글이 전체적으로 뜻이 통하도록 하는 데에 있어서 큰 영향을 줍니다. 문장들의 모임과 단락 사이의 관계를 이해하는 일은 대단히 중요합니다."

3)

	중심생각
단락 1	다이아몬드라는 말은 '무적'이라는 뜻이다
단락 2	다이아몬드는 순수한 탄소로 이루어졌다
단락 3	다이아몬드의 매력은 그 찬란한 빛에 있다

Ⅱ. 글의 의미를 결정하는 것

9. 문장과 단락 ②

뒤섞인 문장과 단락들을 뜻이 통하도록 재배열하는 활동을 통하여 문장의 연결과 단락의 구조에 대해서 배우게 된다.

▶ "여행을 떠나기에 앞서 지난 시간에 배운 것들을 복습해 봅시다. 먼저, '단락'이란 무엇을 말하지요? (단락은 단 하나의 중심생각을 다루는 문장들의 모임입니다. 한 단락 안에서 각각의 문장들은 서로 밀접하게 관련되어 있습니다.)"
"여러분은 왜 하나의 글이 여러 개의 단락으로 조직되어야 한다고 생각합니까? (각 단락은 전체 글의 주제와 관련된 서로 다른 측면이나 생각들을 다루고 있는데, 이것은 글의 내용을 짜임새 있게 만들기 위한 것입니다.) 그렇습니다. 새로운 생각이 도입될 때마다 새 단락이 시작되면, 독자들은 그 단락을 통해서 글쓴이가 전달하고자 하는 것을 쉽게 이해할 수 있게 되겠지요. 어떤 단락의 중심생각을 이해하는 일은 글에 대한 이해력을 높이는 데에 있어서 매우 중요합니다."

첫 번째 생각여행 74~78쪽

▶ "이 글은 모두 세 개의 단락으로 구성되어 있습니다."

1-1
▷ 분리되어 흩어져 있는 문장들을 공통된 생각을 다루고 있는 것끼리 분류하는 활동이다. 학생들이 쉽게 해결하지 못할 수도 있다. 학생들에게 전체의 글이 세 단락으로 구성되어 있음을 다시 강조해 준다.
▶ "여러분이 해야 할 일은 분리된 문장들을 각각의 공통된 생각을 담은 것끼리 따로따로 분류하는 것입니다."
"이러한 분류 작업은 매우 중요합니다. 왜냐하면 각 집합은 한 가지 중심생각을 갖고 있어 우리가 서로 어울릴 수 있는 문장들을 찾는 데에 도움을 주기 때문입니다."

1) ① {1, 6, 10}
▶ "이 문장들은 벌새의 날아다니는 습성에 관하여 말하고 있습니다."

② {2, 4, 8, 11}
▶ "둘째 단락은 벌새가 아주 작은 새라는 것을 다루고 있습니다."

③ {3, 5, 7, 9}
▶ "벌새에게 필요한 먹이나 에너지와 관련된 문장들을 모아 보세요."

2)
▷ 이 문제 역시 학생들이 쉽게 해결하지 못할 것이다. 문장 하나하나를 세심하게 읽어 가면서 어떻게 이어질 수 있을지 생각해 보게 한다. 지시어와 접속어를 찾게 하고, 그것이 무엇을 지시하고 있으며, 무엇과 연결되고 있는지 함께 따져 본다.

▶ "주어진 문장 모임 내의 문장들을 순서대로 배열하는 일이 어렵게 느껴지나요? 그렇다면, 그 문장들에 포함된 접속어나 지시어를 잘 살펴보세요. '이러한' 에너지, '이와 같은' 일, '그러한' 무리 등에서 볼 수 있듯이, 지시어나 접속어에 주의를 기울이면 문장을 올바른 순서로 배열하는 데에 도움이 될 것입니다."

① 10 → (예컨대, 그것들은) 6 →(이와 같은) 1
▶ "〈문장 10〉이 처음에 온다는 것은 쉽게 알 수 있을 것입니다. 다음엔 어떤 문장이 와야 하나요? (〈문장 1〉에 나오는 '이와 같은 일'이라는 말은 이미 언급된 어떤 특정한 일을 가리키고 있어야 하는데, 〈문장 6〉이 그러한 것들을 언급하고 있으므로, 〈문장 6〉이 먼저 와야 하고, 〈문장 1〉은 맨 나중에 와야 합니다.)"

② 4 → (그러한) 11 → (사실상) 2 → (그것의) 8
▶ "먼저 주어진 문장들에 들어 있는 접속어나 지시어를 찾아서 밑줄을 그어 보세요. 접속어나 지시어가 없는 문장들은 각 단락의 첫 번째 문장이 되겠군요."
"〈문장 11〉이 〈문장 4〉 뒤에 올 수 있는 이유는 문장 11의 처음 시작이 '그러한' 무리로 시작되고 있고, 무리가 언급되고 있는 유일한 문장은 〈문장 4〉이기 때문입니다."
▶ "〈문장 8〉은 어떻게 〈문장 2〉 뒤에 올 수 있을까요? ('그것의 몸'이라는 것이 벌새의 몸을 가리키고 있기 때문입니다.)"

③ 7→ (이러한) 3 → (같은 양의) 5 → (이것은) 9
▶ "〈문장 7〉을 맨 처음에 놓는다면, 그 다음에는 어떤 문장이 와야 할까요? (〈문장 3〉의 '이러한 에너지'라는 말은 이미 이전에 언급된 에너지를 가리키고 있어야 합니다. '에너지'라는 말이 언급된 유일한 문장은 〈문장 7〉이므로, 〈문장 3〉이 두 번째 문장이 되어야 합니다.)"
▶ "그 다음에는 어떤 문장이 와야 할까요? (〈문장 5〉의 '벌새와 같은 양'이라는 말이 나오므로, 우리가 먹는 양과 어떤 것이 먹는 양이 비교되고 있음을 알 수 있습니다. 소비되고 있는 먹이의 양을 다루고 있는 다른 유일한 문장은 〈문장 3〉입니다.)"

3)
▶ "첫 번째 단락은 어떤 단락이 와야 하나요? (집합 2입니다. 아주 작은 새인 벌새를 처음 소개하는 도입 단락이 와야 하기 때문입니다.)"
▶ "나머지 두 단락은 어떻게 배열하는 것이 좋을까요? 각 단락의 중심생각을 살펴보면서 생각해 보세요. (집합 3은 벌새가 많은 에너지를 소비하기 때문에 많은 먹이를 필요로 한다는 내용이고, 집합 1은 벌새가 날아다니면서 많은 일을 한다고 했으니까, 집합 1이 먼저 오고, 집합 3이 맨 나중에 오는 것이 좋을 것 같습니다.)"
"이런 순서가 되겠군요. 〈벌새는 아주 작다〉 → 〈벌새는 작지만 날아다니면서 많은 일을 한다〉 → 〈많은 일을 하기 때문에 많은 먹이를 필요로 한다〉"

① 집합 2
② 집합 1
③ 집합 3

4) ① 벌새는 아주 작은 새이다.
② 벌새는 날아다니면서 많은 일을 하도록 적응되어 있다.
③ 벌새는 많은 먹이를 필요로 한다.

생각연습 78~81쪽

2-1

1) ① {1, 2, 6}
▷ 별들은 밝기가 서로 다르다는 것에 관한 문장들이다.

② {3, 4, 7}
▷ 별들은 크기가 다르다는 점을 말하는 문장들이다.

③ {5, 8, 9}
▷ 지구에서 별들까지의 거리를 재는 방법에 관한 문장들이다.

2) ① 2 → 1 → 6
   ② 3 → 4 → 7
   ③ 8 → 9 → 5
3) ① 집합 1
   ② 집합 3
   ③ 집합 2
4) ① 별들은 밝기가 서로 다르다.
   ② 지구에서 별들까지의 거리를 알아내는 방법은 몇 가지가 있다.
   ③ 별들은 크기가 서로 다르다.

II. 글의 의미를 결정하는 것

10. 글의 중심생각 찾아내기

단락의 '중심생각'에 대한 이해를 넓히고, '주제문장'을 찾아내는 연습을 하게 된다. '주제문장'이란 한 단락 안에 포함되어 있으면서 그 단락 전체의 내용을 함축하여 소개하거나 요약하고 있는 문장을 말한다.

▶ "오늘 공부할 것은 글의 중심생각과 각 단락의 주제문장을 찾아내는 방법에 관한 것입니다. 먼저 우리가 다루게 될 글은 강의 일생에 관한 것입니다. 이 글은 원래 여러 개의 단락으로 구분되어 있지만, 여기에서는 단락의 구분 없이 하나로 이어 놓았습니다. 이제 단락에 대하여 공부한 것을 바탕으로 각 단락이 어디에서부터 시작되고 어디에서 끝나는지 알아봅시다."

첫 번째 생각여행 82~85쪽

▷ 단락의 구분이 없이 쓰인 글을 읽어 가면서 중심생각의 변화에 따라서 단락을 구분하는 활동을 하도록 구성되어 있다.

1-1

1) ① 강의 역사, 강의 일생, 강물의 여행 등
   ② 강의 일생을 단계별로 설명하고 있으므로
▷ 이외에도 다양한 제목과 그에 따른 이유가 제시될 수 있을 것이다. 제목 정하기를 단락 구분 활동을 마친 뒤에 할 수도 있다.
▶ "이 글은 모두 세 개의 단락으로 구분할 수 있습니다. 첫째 단락은 전체 주제를 소개하고 있으며, 나머지 단락들은 강의 일생에서 몇몇 특정한 단계를 다루고 있습니다. 이제 단락을 구분할 수 있겠습니까?"
2) ① ~남기게 된다.//강은~
   ② 강의 역사 또는 일생을 사람의 일생에 비유하고 있는데, 이 부분은 전체적인 내용을 다루고 있기 때문이다. 이 다음 문장부터 강의 초기 단계를 다루고 있다.
   ③ 강도 역사 또는 일생을 갖고 있다.
▶ "이처럼 글쓴이는 첫 단락에서 글의 중심생각을 설명해 줌으로써 우리가 나머지 단락을 따라가기 쉽게 해 줍니다. 이제 두 번째 단락에 대하여 알아볼까요?"
3) ① ~내기도 한다.//더 자라~
   ② 이 부분까지 강의 초기 단계를 다루고 있고, 다음 문장부터 강의 두 번째 단계를 다루고 있기 때문이다.
   ③ 강은 초기 단계에서 어린이처럼 활발하게 움직인다.
4) ① ~만끽한다.//노년에~
   ② 여기까지 강의 중기를 다루고 있고, 다음 문장부터는 강의 노년기를 다루고 있기 때문이다.
   ③ 중간 단계의 강은 젊은이처럼 대담하고 강하다.
5) ① 노년에~만나게 된다.
   ② 끝 문장까지 노년 단계의 강을 다루고 있기 때문이다.
   ③ 여행을 마친 강은 노인처럼 평화롭고 느리게 된다.
6) 첫째 단락/사람과 마찬가지로 강도 역사를 갖는다.
   둘째 단락/강은 처음 태어났을 때나 아직 어린아이인 동안에 매우 장난이 심하고 놀기를 좋아한다.
   셋째 단락/더 자라 젊은이가 되면 강은 활력과 힘이 넘치게 된다.
   넷째 단락/노년에 이르게 되면 강은 풍성함을 잃고 천천히 흐르게 된다.
   모두 단락의 맨 처음에 위치하고 있다.
▷ 전체의 글 중에서 첫째 단락은 전체 글이 무엇에 관한 것인지를 대강 소개해 주는 구실을 한다.

▷ 한 단락의 주제문장은 그 단락이 무엇에 관하여 말하고 있는지 소개해 주는 구실을 한다. 그러나 주제문장이 언제나 단락의 맨 처음에 오는 것은 아니다. 첫째 단락이 전체 글에 대하여 갖는 관계는 주제문장이 단락에 대하여 갖는 관계와 비슷하다.

▶ "우리가 살펴본 네 단락 하나하나는 강의 역사에서 서로 다른 측면을 다루고 있습니다. 첫째 단락은 일반적인 도입부이고, 다음 단락은 강의 어린 시절에 대해서, 셋째 단락은 강의 어른 시절에 대하여, 마지막 단락은 강의 노년과 여행의 끝으로 큰 바다를 만나는 장면에 대해서 말하고 있습니다."

생각연습 86~91쪽

▶ "생각연습으로 들어가기 전에 복습을 해 볼까요? '주제문장'이란 무엇인가요? (주제문장은 어떤 단락의 주제를 설명하는 문장입니다. 모든 단락에 주제문장이 있는 것은 아니지만, 대부분의 단락에는 주제문장이 있습니다. 주제문장의 목적은 독자로 하여금 그 단락의 중심생각을 좀 더 쉽게 이해하도록 하는 데에 있습니다.)"

▶ "다음에 소개되는 글도 원래는 여러 개의 단락으로 구성되어 있지만, 여기에서는 단락의 경계가 구분되어 있지 않습니다. 여러분이 원래의 모습대로 단락을 구분해야 합니다."

"먼저 이 글을 소리 내어 읽으면서 글 전체의 내용을 훑어 봅시다. 그런 다음 각각의 단락이 어디에서 시작되고 어디에서 끝나는지 결정해 봅시다."

2-1

1) ① 라틴아메리카의 음악, 라틴아메리카의 악기, 라틴아메리카 음악의 아름다움 등
   ② 라틴아메리카 음악, 악기의 아름다움을 다루고 있기 때문이다.
2) ① ~때문이다.//타악기는~
   ② 이 부분까지 전체 글을 대강 소개하고 있으며, 다음 문장부터는 각각의 악기를 하나씩 소개하고 있기 때문이다.
   ③ 라틴아메리카 음악은 아름다우면서도 독특하다.
3) ① ~가져왔다.//플루트는~
   ② 여가까지 타악기를 설명하는 부분이고, 다음부터는 플루트를 설명하고 있기 때문이다.
   ③ 타악기의 독특한 소리는 특별한 역사를 갖고 있다.
4) ① ~갖추어진 것이다.//기타는~
   ② 여기까지 플루트를 설명하고 있고, 다음 문장부터는 기타에 관하여 설명하고 있기 때문이다.
   ③ 플루트의 독특한 소리는 특별한 역사를 갖고 있다.
5) ① 기타는~사용되고 있다.
   ② 기타의 특성에 관하여 설명하고 있기 때문이다.
   ③ 기타는 라틴아메리카 음악의 영혼이다.
6) 첫째 단락과 둘째 단락은 주제문장이 첫 문장이다. 그러나 둘째 단락과 셋째 단락의 주제문장은 맨 처음에 위치하고 있지 않으며, 특정한 주제문장 하나를 집어내기도 어렵다. 전체의 내용을 갖고 중심생각을 찾아내야 한다.

2-2

1) ① 거미, 거미의 이로움, 유익한 동물 거미
   ② 거미는 사람에게 이로운 동물이라는 점을 다루고 있기 때문이다.
2) ① ~될 수 있다.//거미는~
   ② 여기까지 거미에 관한 글 전체를 대강 알려 주고 있기 때문이다.
   ③ 거미에 관하여 알아 둘 필요가 있다.
3) ① ~나오게 된다.//많은 사람들이~
   ② 여기까지 거미의 몸에 관하여 말하고 있기 때문이다.
   ③ 거미를 몸의 형태로 알아보는 방법
4) ① 많은 사람들이~때문이다.
   ② 거미에 대한 사람들의 평가를 언급하고 있기 때문이다.
   ③ 거미는 사람에게 해롭지 않으며 오히려 사람에게 이롭다.
5) 첫째 단락/그것에 대하여 몇 가지 사실을 알아 두는 것이 도움이 될 수 있다.
   둘째 단락은 특별한 주제문장이 있는 것이 아니라 단락 전체가 거미의 몸에 대해 설명하고 있다.
   셋째 단락/많은 사람들이 거미를 싫어하지만, 실제로는 그렇게 나쁜 평가를 받을 이유가 없다.

Ⅱ. 글의 의미를 결정하는 것

11. 주제에 맞는 글쓰기

전체의 글과 어울리지 않는 문장을 찾아내는 연습을 하고, 지금까지 배운 것을 토대로 주어진 주제에 맞게 글을 직접 써 보는 방법을 공부하게 된다.

▶ "여기서는 단락의 구조에 관한 이해를 높이는 공부를 하게 됩니다. 우선 전체의 글 중에서 아무 관련이 없는 문장을 찾아내야 하는데, 이를 위해서 단락의 중심생각을 찾아낸 뒤에 어느 문장이 그 중심생각과 맞지 않는지 알아내야 합니다."

첫 번째 생각여행 92~95쪽

▷ 주어진 글의 주제문장 또는 중심생각을 찾아내고, 그것과 관련 없는 문장을 찾아내는 활동을 한다.

1-1

▶ "문제의 글 속에는 다른 문장들과 아무런 관련이 없는 문장이 하나 포함되어 있습니다. 즉, 단락의 중심생각과 아무 관련이 없는 문장이 하나 있습니다. 우리가 제일 먼저 할 일은 이 글 전체를 읽고, 그 중심생각이 무엇인지 알아내는 것입니다. 중심생각을 알아내는 가장 좋은 방법은 주제문장을 찾는 일입니다. 주제문장은 한 단락의 주제를 소개하거나 요약해 줍니다. 이제 위의 단락에서 주제문장을 찾아낸 뒤 그것과 어울리지 않는 문장을 찾아봅시다."

1) 우리가 살고 있는 행성인 지구는 끊임없이 움직이고 있다.

▶ "이 단락의 모든 문장은 지구와 지구의 움직임에 관한 것이어야 합니다. 지금 찾은 주제문장을 다른 문장들과 하나하나 비교해 가면서 단락 속에서 '가장 어울리지 않는' 문장을 찾아내어 보세요."

2) 가장 큰 행성인 목성이 태양의 주위를 완전히 한바퀴 도는 데에는 지구의 12배의 시간이 걸린다.

3) 전부 지구에 관한 설명인데, 이 문장만 목성에 관해 설명하고 있기 때문이다.

1-2

1) 거미게는 위장술을 사용하여 적으로부터 몸을 보호한다.

2) 과학자들은 거미게의 타액이~매우 쓸모 있기 때문이다.

3) 다른 문장들은 거미게의 위장술에 관하여 설명하고 있는데 반하여, 이 두 문장은 과학자들이 거미게의 타액이 무엇으로 만들어져 있는가를 발견하려고 노력한다는 점과 관련된 것이기 때문이다.

1-3

1) 대부분의 온도계가 작용하는 원리는 몇몇 액체의 경우 뜨거워지면 부피가 팽창하고, 차가워지면 수축하는 데 있다.

2) 알코올의 경우 밀폐된 통은~그 통이 폭발할 수 있기 때문이다.

3) 나머지는 모두 온도계의 작용 원리를 다루고 있는데, 이 문장은 알코올 보관시 유의할 점에 관한 것이기 때문이다.

▶ "글을 쓸 때, 관련 없는 생각들을 글 안으로 끌어들이는 것은 좋지 않은 일입니다. 그리고 글을 쓸 때에는 각 단락에 대해서 좋은 주제문장을 쓰도록 노력해야 합니다. 주제문장을 통해서 글을 읽는 독자들은 요점이 무엇인지 쉽게 이해할 수 있고, 글 쓰는 사람 자신도 단락 안에 무엇을 포함시킬 것인지 결정하는 데 도움이 되기 때문입니다. 한 단락 안에는 그 단락의 중심생각과 관련 없는 내용이 들어가지 않도록 명심하세요."

생각연습 96~97쪽

▷ 두 가지 주제 중에서 하나를 정하여 글을 써 보게 한다. 다 쓴 후에는 서로 돌아 가며 읽게 하고, 의견을 말해 보게 한다.

2-1

▶ "지금까지 배운 것을 바탕으로 여러분 스스로 단락을 써 보도록 할까요. 여러분 자신이 글을 쓰는 이가 되어서 잘 씌어진 글의 구조에 관하여 지금까지 익혀 온 모든 것을 충분히 활용하기 바랍니다."

답 생략

종합연습
100~103쪽

1
1) 사람들은 일반적으로 '고기'와 '물고기'를 혼용하기도 하지만, 전자가 더 큰 개념이다. 고기는 사람이 먹을 수 있는 동물성 물질을 총칭하는 것인 반면에, 물고기는 그중에서 물속에 사는 동물을 가리킬 뿐이다.
2) '먹다'가 '마시다'보다 넓은 의미를 갖고 있지만, 사람들은 때로 혼용하기도 한다. 먹는 행위 가운데에서 액체로 된 물질을 먹는 행위가 '마시다'이다.
3) '느리다'는 '빠르다'의 반의어이며, '게으르다'는 '부지런하다'의 반의어이다. 게으른 사람은 대체로 동작이 느린 편이지만, 동작이 느리다고 해서 다 게으른 것은 아니다.

2
1) 소리를 지르며 기뻐했다
2) 아주 조용

3
1) 그곳에 사는 사람들은 더운에 아주 강한 체력을 갖고 있습니다.
2) 더위

4

차원:(밝기)	반대말
아주 눈부신	아주 어두운
환한	어두운
밝음	어두움
밝아지는	어두워지는
밝기	어둡기

5
1) 채소, 감정, 가방, 자동차, 크기, 색깔
2) 경복궁, 강화도, 서울역, 시드니, MBC 방송

6
④ → ③ → ⑤ → ② → ①

7
1) ① (생물들이), (몽땅), (죽어 버렸다.)
   ② (가축들이), (모두), (얼어 죽었다.)
   ③ (곤충들이), (땅속으로), (들어갔다.)
2) ① 맹추위에 작은 생물들이 몽땅 죽어 버렸다.
   ② 맹추위에 작은 가축들이 모두 얼어 죽었다.
   ③ 맹추위에 곤충들이 땅속으로 들어갔다.

8
1) 우리는~여기면서 말이다.//원래~
   우리는 숫자 10개를 당연하게 여기고 사용하고 있다.
2) 원래~되었을 것이다.//지금 세계~
   옛날부터 대부분의 민족은 10진법을 사용하였다.
3) 지금 세계 ~나타낼 수 있다.
   세계의 공통 숫자인 아라비아 숫자도 10진법이다.

4단계 평가문제
104~112쪽

1
1) 촉감
2) 부드럽다, 간지럽다, 까칠까칠하다, 딱딱하다, 단단하다, 물렁물렁하다

2
- 굉장히 재미있는
- 조금 재미있는
- 재미있는
- 그저 그런
- 조금 지겨운
- 지겨운
- 무척 지겨운

3
굉장히 재미있는

4
1) 방해하고 있다
2) 부패하고

5
2) 그 산 밑에는 젊은이 사람들이 많이 살고 있습니다
2) 젊은

6
1) 팔았을
2) 대답

7
차원:(길이)	반대말
긴	짧은
길쭉한	짤막한
키다리	난쟁이
길다	짧다
길어지다	짧아지다

8
1) 속도, 빠르기
2) 맛

9
1) 신문/교과목의 이름
2) 자전거/전기의 힘으로 작동하는 것

10
1) 의자, 학교, 초등학생, 크다, 고속버스, 고구마
2) 에버랜드, 낙동강, 영국, 부산, 박세리

11
1) 버스, 택시, 트럭, 승합차, 승용차
2) 장미, 백합, 튤립, 수선화, 채송화
3) 비스킷, 초콜릿, 캐러멜, 포테이토칩, 캔디

12
1) 책상, 가방, 옷, 길, 신발, 집
2) 대한민국, 경복궁, 스위스, 서울, 강남역

13
1) 전기
2) 망아지

14
백성, 국민

15
강물/밀물

16
1) 꿀꿀이가 고양이의 생선을 먹어 버렸다.
2) 고양이가 꿀꿀이의 생선을 먹어 버렸다.
3) 고양이의 생선을 꿀꿀이가 먹어 버렸다.

17
② → ⑤ → ③ → ④ → ①

18
1) ① (풀밭에서), (잡아먹었다.)
   ② (연못에서), (잡았다.)
   ③ (숲 속에서), (쫓아갔다.)
2) ① 뱀은 작은 개구리를 풀밭에서 잡아먹었다.
   ② 뱀은 개구리를 작은 연못에서 잡았다.
   ③ 작은 뱀은 숲 속에서 개구리를 쫓아갔다.

19
1) 첫째 단락 : 여러분은 ~뜻이지요./교향곡의 형식은~
   둘째 단락 : 교향곡의 형식은~이루어집니다./오늘날 연주되는~
   셋째 단락 : 오늘날 연주되는 ~부릅니다.
2) ① 교향곡(심포니아)이란 말에는 완전한 어울림이란 뜻이 들어 있다.
   ② 교향곡은 4악장으로 이루어져 있다.
   ③ 교향곡은 오페라의 서곡과 깊은 관련이 있다.

20
1) ① 1 → 5 → 3 → 11
   ② 2 → 4 → 6 → 12
   ③ 7 → 9 → 10 → 8
2) ① 여드름의 완벽한 예방은 없지만 몇 가지 방법이 있다.
   ② 여드름이란 피부병의 일종이다.
   ③ 여드름의 원인은 피지와 남성호르몬이다.
3) 집합 2, 집합 3, 집합 1